普法丛书

婚姻家庭

婚姻诊疗人

韩雪峰 著

中国人民公安大学出版社

·北京·

图书在版编目（CIP）数据

婚姻诊疗人／韩雪峰著 . —北京：中国人民公安
大学出版社，2024.1

（普法丛书）

ISBN 978-7-5653-4770-2

I. ①婚… II. ①韩… III. ①长篇小说－中国－当代
IV. ① I247.5

中国国家版本馆 CIP 数据核字（2023）第 247182 号

婚姻诊疗人

韩雪峰　著

出版发行：中国人民公安大学出版社
地　　址：北京市西城区木樨地南里
邮政编码：100038
经　　销：新华书店
印　　刷：北京市科星印刷有限责任公司

版　　次：2024年1月第1版
印　　次：2024年1月第1次
印　　张：7.75
开　　本：880毫米×1230毫米　1/32
字　　数：180千字

书　　号：ISBN 978-7-5653-4770-2
定　　价：36.00 元

网　　址：www.ppsup.com.cn　　www.porclub.com.cn
电子邮箱：zbs@cppsup.com　　zbs@cppsu.edu.cn

营销中心电话：010-83903991
读者服务部电话（门市）：010-83903257
警官读者俱乐部电话（网购、邮购）：010-83901775
法律分社电话：010-83905745

自序

用通俗易懂的故事来普及法律知识，用生动有趣的案例来阐释法律内涵，这样一本书，应当是颇受欢迎且有意义的。这是我写作的初衷。

经常有朋友说想学习法律知识，但又因法律书籍晦涩难懂，实在看不进去。我突然萌生了一个想法：创作一套面向大众的普法丛书，让老百姓有兴趣阅读。

我的创作思路是：每一本书都是一个完整的故事，在情节中穿插实用的法律知识。我跑了很多图书馆和书市，通过调研发现，这种以故事形式进行普法的书籍确实鲜见。因为没有可以参照的范本，在创作上就有了一定的挑战性。

自此，写作成为我的一种生活习惯。白天工作不忙的时候，我会在脑海中构思故事情节，思考在故事中应该穿插哪些案例，想到有趣的故事线索赶紧把它记下来。到了晚上，在静谧的夜色下，我往往先给自己沏上一杯清茶，然后打开电脑，敲下白天的构思。有时也会放空自己，让思绪天马行空地飘荡，然后边想边写，反复修改。

有时候，在不经意间突然想到一个不错的句子或者一个很好的情节，我就赶紧把它写进书稿里，那种欣喜是无法用言语表达的。能把自己构思的故事分享给读者，能把自己对法律的理解分析给大家，能在文字中抒发自己的情感，真的是一件快乐的事。

有朋友知道我在写普法故事后，劝我多写写成功的人，说这样故事才好看，别人也愿意看。我笑了，不置可否。尽管我认识不少成功人士，但是我更想写身边的普通人。我觉得他们的故事更有话题感，更加感人，也更接地气。我要让读者觉得，书中的主人公就是身边的同学、同事、邻居、家人，乃至他们自己，书中的故事就是每天发生在身边的事。

书中法律案例有的来自我和同行的工作日常，有的摘自公开的经典案例，只不过用故事的形式把它演绎了出来。为了读起来有趣，书中还穿插了一些典故和寓言。对于一些常见法律问题，为了避免歧义，我尽量采用对应的法条、司法解释来回答。总之，希望读者能从书中找到快乐，获得感悟。

法律是一个社会的底线，但它并不能解决所有问题。能让这个世界变得美好的，还有善良，也就是发自内心的对别人好、愿意为别人付出。就像《乌托邦》中的一句话：能够把人类坚固地团结成一体的不是协议而是善良，不是文字而是精神。书中的主人公都是小人物，但都很能为他人着想，我希望这套书能传递给读者这种善念。

本次同时出版普法丛书之一《二毛打工记》、之二《婚姻诊疗人》，之后陆续还会创作普法丛书之三、之四……这种写作方式也是一种探索，书中难免会有疏漏和争议之处，敬请各位读者不吝指正，并给我后续的创作提出宝贵的意见。

韩雪峰　律师

2023 年 12 月

目录

楔子

夜已深，万籁俱静。突然，传来砰砰砰的砸门声。随着声响的加剧，那个醉醺醺的男人显然情绪越来越焦躁，谩骂一声高过一声。门终于被一个女人打开了，躺在外屋小床上熟睡的小男孩儿被男人不由分说地猛地拉起，接着是一顿毒打……

蔡新在洗手间望着镜中红着眼睛的自己不禁怔了一下，随即打开水龙头洗了一把脸，在冷水的刺激下，他把思绪强行从对自己童年往事的回忆中拉了回来。

蔡新继续审视镜中的自己，近一米八的身高，身材瘦削，脸庞略圆，五官虽然算不上多精致但是组合在一起让人看起来很舒服。不过，脸上的皱纹又多了几条，白头发也见多。可怜白发生啊，蔡新不免心生感慨。时光是无情的，它会慢慢带走很多东西；时光也是公平的，它不会厚此薄彼，无论你是谁，来自哪里，去向何方。

蔡新是一名执业律师，专门做婚姻家庭案件。刚接触这类案件时，蔡新以为做起来肯定很轻松，但实际上不是。对一件婚姻家庭案件来说，不仅要考虑到法律纠纷，还要考虑到当事人的情感、伦理、家庭和社会因素。这对于情感细腻的蔡新来说，无疑是一种挑战。就像刚刚来过的刘女士和那个小男孩儿的故事，就激起了蔡新心底的情感波澜。

刘女士来律师事务所咨询有关抚养费的法律问题。

刘女士和前夫离婚两年多了。前夫不但没有责任感还家暴，在刘女士怀孕期间，就打过她几次。整个孕期，刘女士情绪都非常低落。儿子两岁时，刘女士得知儿子是自闭症患儿。儿子三岁时，因为不堪忍受前夫的家暴行为，刘女士跟他离婚了，并争得了儿子的抚养权。

"我俩离婚三年多了，我没跟他要过一分钱，孩子的抚养费、治疗费都是我自己承担的。可我现在有些承受不住了，康复治疗的费用实在太高了。"刘女士就指着身边的男孩儿，叹了口气。

"什么时候发现他有自闭症的呢？"蔡新看一眼旁边的这个男孩儿，大大的眼睛，皮肤很白，穿着一件带有米奇图案的蓝色外套，显得很可爱，从外表真看不出他是一个自闭症儿童。蔡新尝试着拉他的小手，他紧张地缩了回去。那一瞬间，蔡新感觉很心疼。

"孩子大概两岁时，我就发现他不爱笑，也不会说话，到医院诊断，才知道他是自闭症，但是轻度的。"

"应该跟您孕期心情不好有关系。"

"是的，医生也这么说。我怀孕时，他爸跟我吵架、打我、摔东西，本来我性格就挺内向的，他这么对我，我更加压抑得不行。"刘女士说着说着，流出了眼泪。

蔡新安慰道："都过去了，别想那么多了，一切都会好起来的。"

蔡新的话触动了刘女士，她对蔡新说："现在还好，我自学了治疗自闭症的康复教程，经常带着他在家做康复训练，还是有效果的。"

"那您真的很棒！"蔡新露出赞赏的表情。

"蔡律师，我有一个问题，我们离婚三年多了，我前夫只给过我三个月的抚养费，听说法律规定的诉讼时效是三年，那我现在要抚养费，是不是晚了呢？"刘女士露出担忧的表情。

"这个不会晚的，您放心吧！"蔡新的语气显得很肯定。

刘女士还告诉蔡新，为了有利于孩子的康复，即使前夫家暴，她也想忍受这样的婚姻，可是前夫什么都不帮她。有时候，她带孩子去医院看病，回到家已经很晚了。别人家灯火通明，自己家却一片漆黑。尽管她很累，却也只好疲惫不堪地给孩子做晚饭。

蔡新想，美好的婚姻就应该成为彼此的依靠。当你委屈时，总有那么一盏灯、一个人，在默默地守护你。

"保持乐观吧，把快乐传递给孩子，这样孩子肯定能好起来。"蔡新劝慰了刘女士。

俩人说话时，男孩儿在一旁玩着自己的玩具。蔡新从他的眼神中读到了孤独。

有人说，你同情别人，是因为从别人身上看到了自己的影子。这个男孩儿让蔡新想到了自己的童年。

蔡新时常会想起当年那个深夜。爱酗酒的父亲从外面喝醉回

1　为了方便表达，本书涉及我国法律法规均用简称，如《中华人民共和国民法典》简称《民法典》，依此类推，不再一一注明。

来，他敲了很长时间的门都没有回应。终于，等蔡新的母亲醒了给他开了门。父亲因此迁怒于蔡新，进门就把睡梦里的蔡新拉起来打了一顿。这件事让蔡新恐惧了好多年。

不幸的童年需要一生来治愈，这话还是有道理的，蔡新想。

蔡新拉回思绪继续问："你们是诉讼离婚还是协议离婚？"

"协议离婚。我们在离婚协议中约定了，他每个月给孩子 2000元钱的抚养费。"

"那他按时给了抚养费吗？"

"离婚后，他就给了我三个月的抚养费，之后再要，他就说失业了，一分钱没有，然后我就再也没跟他要过。"

"他真的失业了吗？"

"他就是不想负责而已，他是做医疗器械销售的，现在销售业这么缺人，他怎么可能失业。既然没过诉讼时效，那就帮我起诉他吧。"

蔡新想了想说："从法律上说，您前夫应该支付孩子的抚养费和治疗费。这样，我先跟您前夫沟通一下，他如果不同意，咱们再起诉。"

"那也行。"刘女士点了点头。

"您也不需要先支付费用。"蔡新微笑着补充了一句。

人在逆境中特别需要别人的关心。刘女士听蔡新说完，一下子就哭了。她对蔡新说："真的太感谢您了！"

蔡新安慰了刘女士，告诉她，坚持就是胜利，一切都会好起来的。

"对了，蔡律师，现在孩子花费挺大的，我想让他多承担些抚养费，但是我们离婚协议中已经说好是 2000 元，我的要求合理吗？"刘女士又说出了自己的疑问。

蔡新说："这没问题，如果是孩子的必要支出，对方是要承担的。"

　　刘女士听蔡新解释完，心情好了很多，她又问了蔡新几个问题，之后带着孩子离开了。

　　让蔡新没想到的是，刘女士带着男孩儿离开的时候，男孩儿居然回头对蔡新摆了摆手。蔡新一下子破防了，眼泪一下子涌了出来。他擦了擦眼睛，心想，可怜的孩子，你一定能好起来。

二

　　蔡新送走刘女士母子，回到自己的座位。坐定后，他望了一眼窗外，街上高楼林立、车水马龙。那一瞬间，蔡新感觉自己很渺小。

　　蔡新所在的律所是一家中型律所，位于北京国贸附近，律所有几十名律师，负责的领域各有不同。

　　蔡新是这家律所的合伙人。合伙人只是一个听起来高大上的名头，实际上蔡新还没有自己的独立办公室。他和两个助手坐在靠近窗户的一角，座位和其他座位隔着一条很宽的过道和一大排花卉。蔡新自嘲，这就算独立办公区了。

　　律所里的合伙人分两档，一档是蔡新这样的合伙人，另一档是高级合伙人。高级合伙人有自己的独立办公室，因为他们创收多，给所里带来的利润更多。

负责婚姻家庭案件的律师没有负责公司业务、股权业务、证券业务的律师创收多，但蔡新乐于在此领域深耕。在一个专业领域做久了，无论专业知识还是经验都会积累得更多，应对案件也更加游刃有余。

知足者常乐，蔡新心态还是很好的。蔡新经常会想，以自己的年龄如果身在非专业领域的职场，可能会面临中年失业的危机，多亏自己做了律师，才不用考虑被炒鱿鱼的问题。

三

蔡新有两个助手，一个是实习律师卉卉，另一个是助理小天。

卉卉是一个漂亮女孩儿，姓陈，身高一米七出头，身材高挑，长相迷人，走在街上回头率颇高。

卉卉不仅外表出众，而且工作很努力，研究生毕业时就已经通过了法考。做一名律师一直是卉卉的理想。毕业后，她应聘到了律所，并跟着蔡新实习。

对于实习律师来说，跟着自己的指导律师实习一年，做够实习期案件，并通过律师协会考核，就可以单独执业了。律师在实习期不是为了赚钱，而是为了学习执业技能和实战知识。

有个关于实习律师的故事在律师圈流传很广：

一个律所招司机，月薪五千没人去。律所主任灵机一动，打出广告：招实习律师兼职司机，月薪三千。没想到吸引了很多前来面试的。于是，律所主任提高了招聘的门槛，最后招到一名通过司法考试的名校毕业生。

卉卉觉得自己很幸运，蔡新作为自己的实习指导老师对自己还是不错的，从不因为她是实习律师而压榨她，让她多干活儿。平时还喜欢给自己讲解知识、传授经验。人们都说善良可以传递，卉卉想，自己将来带实习律师也要对人家好一点。

小天是一个快乐的大男孩儿，姓白，大名叫白天。说起他的名字还有个小故事。小天出生在一个盛夏，小天爸看到满床的阳光，就起了"白天"这个名字，预示着孩子的未来一片光明。小天妈听小天爸讲了名字的寓意后，不解地问："既然满床阳光，为啥不叫白阳呢？"小天爸耐心地解释："白阳，听着像'白养'，你难道想白养一个儿子吗？"于是，小天父母达成为数不多的共识。

小天和卉卉年龄相仿，平时喜欢开玩笑，但老被卉卉挤对。小天不是学法律的，机缘巧合，应聘来所里给蔡新做了助理，在蔡新的鼓励下，他也开始学习法律知识并准备参加法考。他是北京土著，个头不高，胖胖乎乎，笑起来眯着眼睛，长得很是可爱。小天家的经济条件非常不错，他爷爷奶奶和父母名下都有两三套房子，且三代单传，理论上来说，将来这些房子都是小天的。小天父亲曾在一次酒后对小天说："爸爸没啥本事，只能给你留下这几套房了！"

四

蔡新在电脑上看卉卉起草的起诉书。

案件并不复杂，和刘女士的案子一样，也是抚养费纠纷。委托人李小姐未婚先孕和对方分手，孩子生下来后，对方一直不给抚养费，所以她委托蔡新起诉对方。

虽然李小姐的同居关系不受法律保护，但非婚生子女却享受和婚生子女同等的权利，父母有抚养的责任和义务。

蔡新看完起诉书，把卉卉叫到了身边，告诉卉卉起诉书中应该重点引用的法条和注意的事项。

> **·法律如何保护非婚生子女·**
>
> 　　《民法典》第一千零七十一条规定，非婚生子女享有与婚生子女同等的权利，任何组织或者个人不得加以危害和歧视。不直接抚养非婚生子女的生父或者生母，应当负担未成年子女或者不能独立生活的成年子女的抚养费。

　　小天的求知欲还是很强的，看到蔡新和卉卉在说案子，也凑过来听。"干完活儿了吗？"卉卉训斥了小天。

　　"干完了！"小天倒是不以为意。

　　这时候，律所的于律师端着茶杯凑了过来。

　　于律师身材高大、面庞圆润，笑容可掬。于律师叫于刚，是律所的高级合伙人。他经常夸耀自己的名字，于刚的谐音就是"鱼缸"。满缸的大鱼，日子能不好嘛！

　　于律师年龄和蔡新相仿，他专门做股权、证券一类的案件，还担任了几家大公司的法律顾问，有自己的独立办公室，属于比较成功的律师。

　　于律师说："蔡律，不要那么辛苦了，罗马又不是一天建成的！"

　　"哈哈，总不能让活儿堆着吧！"蔡新转了转椅子，笑着说。

　　"蔡律，我发现，婚姻和合伙开公司有相似之处啊。"

　　"您举个例子，说来听听。"蔡新露出感兴趣的表情。

　　看到蔡新感兴趣，于律师来了劲头，他把茶杯放在桌子上，比画着对蔡新说："您看啊，夫妻的收益共享、风险共担是不是像合伙开公司？"

"那婚姻像什么类型的公司呢？有限公司、合伙企业，还是股份公司？"蔡新问道。

"合伙企业呀。"于律师回答得很肯定。

"理由呢？"蔡新把椅子转了过来，面向于律师。

"您看啊，婚姻是一种契约型、松散型的合作，它不存在股份的情况。在财产上，两人的财产是共同共有，所以只能视为合伙。《合伙企业法》第三十九条规定，合伙企业不能清偿到期债务的，合伙人承担无限连带责任。您看，这个像不像夫妻共同债务呢？"

蔡新点点头说："确实像。但对婚姻来说，一方所欠债务另一方是否需要偿还，要看是否用于夫妻共同生活，或以共同生活为目的的投资啊。"

于律师说："一样，合伙人所欠个人债务，合伙企业也不承担还款义务，所谓'恶债不还'嘛！"

"但合伙企业不可以随时退伙，离婚却可以随时以感情不和为由提出呀。"蔡新提出质疑。

结婚仪式上，男女双方会对彼此承诺：无论疾病还是健康，无论贫穷还是富贵，都忠贞不渝，相伴一生。如果合伙人也能向合作伙伴承诺：无论前途多暗淡、无论生意多艰难，都要坚定地跟你干事业，永不分离。这就有意思了，蔡新想。

于律师说："《合伙企业法》第四十五条第三项规定，发生合伙人难以继续参加合伙的事由，合伙人可以退伙。这不就相当于离婚的理由嘛。"

蔡新说："您这么理解也对，还有，合伙人向合伙人以外的人转让财产份额时，要经过其他合伙人一致同意。这也像夫妻一样，一方不可以私自处置财产。"

于律师哈哈一笑，开心地说："看，咱们达成共识了吧，这叫英雄所见略同。"

蔡新想了想说:"不过还有一点,夫妻的财产关系是基于身份关系而产生的,而合伙人之间是纯粹的财产关系。"

"略有不同嘛。"于律师不以为意。

俩人说着,卉卉和小天在旁边听着。

"有限合伙人对外不能代表企业作决策,但夫妻享有同样权利。"卉卉插了句话。

"这好办,双方都视为普通合伙人就是了。"于律师大手一挥。

"合伙人有财产份额比例,婚内财产却共同共有。"小天也插了一句。

"这个嘛,合伙企业就像夫妻约定财产制。"于律师解释说。

"总而言之,于律师的研究观点,我们赞成。"于律师最后的解释很牵强,但蔡新还是帮他打一个圆场。

"就是嘛,我的发现也是希望得到认可的。"于律师露出满意的笑容。

小天插了句嘴说:"听于律这么一说,我觉得,结婚的很多地方都可以借鉴开公司。"

"说说看。"于律师表示出兴趣。

"公司章程、合伙人协议,这些都可以借鉴,结婚之前划出道来,免得结婚后扯皮。"

"行,到时候你跟你女朋友说'结婚前先划出道来,写一个《婚内章程》'。"卉卉调侃小天。

"别说,这个真可以有。"于律师显得一脸郑重。

五

范河和范团是一对父子。

范河四十几岁，范团还不满二十一岁。

范河的父亲、范团的爷爷叫"范堂"。范堂 20 世纪 80 年代末从部队转业分到北京一家事业单位，范河也跟着过来，之后范河在北京结婚生子。

范团从一所专科院校计算机专业毕业，毕业后应聘到一家金融公司做企业网管，负责公司的计算机维修和网络维护。由于公司高学历人才众多，让他有些自惭形秽。于是，他开始拼命学习网络技术和编程知识，一心想提高自己的技术水平。

范团从小喜欢读历史书和武侠书，什么《三国演义》《水浒传》，以及金庸、古龙的小说，他都喜欢看。他还记得中学上课时看《东周列国志》被老师发现，老师对他说："读历史书好，以后可以课后看。"

再说下范河。

20 世纪 90 年代，二十几岁的范河在服装市场租了一个摊位，从南方倒进 T 恤衫、牛仔裤、运动服在北京卖，用时髦话说就是"倒爷"。当时生意不错，范河的日子过得很滋润。也就是在那个时候，范河遇到了范团的母亲麻小丽。

麻小丽出生在农村，相貌清秀，但性格内向。在范河做服装生意时，麻小丽给市场里另一个老板做导购，和范河的摊位离得不远。没事的时候，范河就找麻小丽聊天，慢慢地俩人开始恋爱，然后就结婚了。

男人有钱容易变坏，这话不适合所有男人，但适合范河。他有钱后，身边的朋友多起来，只要不出摊，范河就带着朋友一起吃喝，他还喜欢抢着买单。都说钱财吸引来的朋友靠不住，可惜范河后来才明白。

范河看到别的女人，难免生了比较之心，他觉得麻小丽温柔不够、情商不够、文化程度不够。总之，他觉得麻小丽配不上自己，就像是"一朵乡村的花插在了金粪上"。但他不明白，金粪依然是粪。

一次，范河酒后对麻小丽说，你唯一让我满意的，就是给我生了一个儿子。

麻小丽小时候，自己的父亲就喜欢打母亲，当时村里很多男人都这样打老婆。看得多了，她就以为这就是夫妻该有的样子，所以她对范河的打骂还是能忍的。

不过，有一次她确实想过离婚，那是和范河结婚十周年时，范河不但没给她买一点儿礼物，还喝完酒回家跟她耍酒疯。她想起范河平时的所作所为，非常难过，于是打电话跟母亲诉苦，说要和范河离婚。没想到母亲叹着气对她说："你才忍十年，我都忍你爸一辈子了。"

忍耐这种东西，是好事也是坏事，它能让一个好人变得宽容，但也会让一个坏人变得更坏。"坏人因畏惧而服从，好人因为爱而服从。"这是哲人亚里士多德的观点，可麻小丽却不懂这些。

随着电商兴起，范河的生意开始走下坡路，并且是陡坡。因为大家喜欢在网上购物，不喜欢逛批发市场了。范河在一次酒后想明白了，趋势这种东西是不可逆转的，于是，他退掉自己的摊位转做其他生意，可让他绝望的是，他根本不会做别的行业。

唯一让范河自豪的，他在20世纪90年代赚钱的时候买了三套房子，这些年房子一直在增值，这多少让范河心里有了点儿底气。

六

范河和妻子麻小丽关系不好，和儿子范团的关系更不好。

范团十岁时的一天，他正在写作业，范河酒气熏天地回到家。

酒后的范河看到范团后，就想履行一下自己做父亲的责任。怎么履行呢？检查作业。他对范团说："把你作业给我看看。"范团战战兢兢地把作业递给了范河。

醉眼蒙眬中，范河看到了范团的作业有几道题被老师打了叉，不由得骂起来："妈的，老子辛苦赚钱，你学习这么差劲，怎么对得起我呢？"

范团没有说话。

范河又说："老子望子成龙，你难道不懂吗？"

范团心想："你才三十多岁，为啥不努力让自己成龙呢？"

范河对着范团一通大骂，骂累了才回屋睡觉。

范河的逻辑是，我作为父亲，赚钱养你，你应该感恩，我管着你是天经地义的事。但他不知道，养育子女是义务，尊重子女才是修养。

范河喜欢发泄情绪，但不会控制情绪；他希望获得别人的尊重，却不知道如何尊重别人；他活在自己的世界里，觉得自己的世界就是真正的世界。

一天，范河心情好，就对范团说："儿子，你知道我为啥对你严厉吗？"

范团摇了摇头说："不知道。"

"我是为你好。"范河显出少有的耐心。

"可能吧。"范团根本不买账。

范河说："怎么还可能，就是为你好。"

范团说："看不出来。"

"来，爸爸给你讲个故事。"范河热情地拿个小板凳，递给了范团。

有人说，男人都希望子女长成自己的样子。范河也一样，他希望让范团觉得自己是一个有文化、素质高的父亲。

范团坐在了范河的身边，范河讲了下面的故事：

古时候，有个小孩儿，性格顽劣，经常惹是生非。父亲就管教他，用藤条狠狠地抽他。小孩儿由于害怕，就再也不敢做坏事了，慢慢变得非常懂事。

一天，父子俩出去放牛，父亲在草地上睡着了，小孩儿看蚊子太多，怕父亲睡不好，就把衣服脱了，坐在父亲旁边，这样蚊子就会过来叮咬自己，而父亲甜美地睡了一觉。父亲醒来夸道："真是好儿子。"

后来，这个小孩儿非常有出息，还做了大官。

"难道他不心疼儿子吗？"范团很是不解。

"当然心疼。这个故事告诉我们什么道理呢？儿子不经过管教，是不会成材的。"

范团后来才知道，这是二十四孝故事中的"扇枕温衾"，经过范河这么一改，意思全变了。

有一次，范团在学校里和同学嬉闹，不小心把一个比他低一年级的小学生撞倒了，导致小学生的门牙磕掉了一颗。小学生的家长找到了学校，要求赔偿。学校老师联系到范河，可范河却蛮横地说："孩子撞倒的，凭啥找大人赔呢！"老师耐心地对范河说："您是范团的监护人啊。""监护人是管他的，不是给他赔钱的。"范河说完，就挂断了电话。最后，还是麻小丽来学校，跟小学生家长赔礼道歉，作了赔偿。时隔多年，范团回想起来，感觉自己的父亲真是不负责任。

- **·监护人是否承担被监护人的侵权责任·**

  《民法典》第一千一百八十八条规定，无民事行为能力人、限制民事行为能力人造成他人损害的，由监护人承担侵权责任。监护人尽到监护职责的，可以减轻其侵权责任。

七

范团十三岁了，心智逐渐成熟，开始反感范河的做法。

范团一次放学回家，看到范河对着麻小丽大吼，伸手要打人的样子。他赶紧过去，挡在了母亲的面前，对范河怒目而视。

范河没说什么，挠了挠脑袋，默默地走开了。

范河发现一个问题，儿子范团很讨厌自己，自己那一套说教对他来说根本不管用。不过，他还是觉得孩子不管教不行，趁着还能收拾这小子就要尽力管束。

十五岁的范团正在家看电视，酒后的范河回到家，上去就把电视遥控器抢过来，把电视机关掉了，严厉地对范团说："你怎么不学习呢？"

范团明白范河的真实目的，于是偷偷把鞋穿好，回答说："我刚做完作业啊。"

范河说："你看你王叔家的小明，比你强多了，人家从来不看电视。"

范团冷笑了一下，对范河说："您看隔壁的李叔，从来不打孩子，还能赚钱，比您也强多了。"

范河大怒，上来就要打范团。没想到范团早就溜到了门口，直接跑了出去。

范河想下楼追，但范团早没影了，于是他沮丧地看了看自己的将军肚，叹一口气，倒头睡了。

第二天一早，范河酒醒了，就找到范团对他说："我是你爹，我打你，你跑就是不孝。"

范团说："根本不是这个理儿，不信我来给您讲个故事。"

范河说："讲吧，看你能说出什么道理来。"

范团讲了下面的故事：

春秋时期的曾子小时候犯了过失，他爸爸拿起木棍打他，把他一下子打昏了。过了一会儿，曾子才慢慢醒来，他站起来说："父亲您还生气吗？"因为这事儿，鲁国人觉得曾子很贤德，但孔子却嗤之以鼻。别人问为什么，孔子说："父亲恼怒，还不跑，等着被父亲打，这是笨；如果被父亲打死，就会让父亲背上恶名，这是蠢。我可不喜欢这种又蠢又笨的人。"

范河挠了挠自己的脑袋，说："你别骗我没文化呀，这真的是孔子说的？"

"当然是孔子说的。"范团郑重地说。

八

快下班的时候，于律师走到蔡新身边，若有所思地对蔡新说："蔡律，您说建立婚姻关系最重要的基础是爱情吗？"

"当然了，对婚姻来说，爱是起点，也应该是终点。"

"您说得不错，那您是怎么看待婚姻的呢？"

蔡新想了想说："这个问题有些深奥，咱们来做个实验吧！"

"什么实验？"于律师显然很有兴趣。卉卉和小天也凑了过来。

蔡新从桌子底下拿了一个水盆，去洗手间接了一盆水，把它放在地上。

"小天，把你那两摞游戏币拿过来。"蔡新对着小天吆喝了一声。

"蔡律，我这儿有啥都瞒不住您呀！"小天很惊讶。

"当然了！"蔡新一副得意的神情。

小天把两摞游戏币拿了过来，一摞银色的，一摞金色的。

蔡新拿着游戏币走到水盆边，于律师端着水杯也凑了过来，卉卉和小天也围了过来。

蔡新说："我们把这盆清水比作婚姻，但这只是法律意义上的婚姻，一个真正的婚姻除了法律，还会有别的因素，这就是我们一会儿要做的工作。"

卉卉说："法律上的婚姻也未必是清水啊！"

"科学的态度是真诚，而不是质疑。"小天一脸真诚地对卉卉说道。

"质疑才是科学进步的源泉嘛。"卉卉不高兴地反驳。

于律师说："你俩不要吵，看蔡律下一步怎么做。"

蔡新给每人手里放了几枚游戏币，对大家说："你们想一下婚姻中可能出现的问题，想好一个说出来，然后把一枚游戏币投进水盆里。"

于律师说："挺有意思的，那我先来吧。"

蔡新说："有个规则，金色游戏币代表能容忍的事情，银色游戏币代表不能容忍的事情。在投之前我们一起判断，应该属于金色还是银色。"

卉卉笑着说："这挺有意思的，不过我和小天没结过婚。"

小天说："没吃过猪肉，还没看过猪跑吗？"

"这个比喻有些不恰当。"蔡新提出反对。

于律师说："我明白规则了，那我就先来了。"

"分歧！"于律师边说边抓起一把游戏币。

大家一起说："金色！"

蔡新点点头说："分歧确实是婚姻中能容忍的。"

于律师把一枚金色游戏币投进了水中。

卉卉说："小孩儿！"

大家一起说："金色！"

卉卉把一枚金色游戏币投进了水中。

于律师说："孩子是夫妻情感的纽带，金色没错。"

小天说：“出轨！”

大家一起说：“银色！”

于律师说：“你这没结婚的还懂不少。”

小天笑着说：“蔡律总是接这类案子，我不懂也懂了！”

小天把一枚银色游戏币投进了水中。

蔡新说：“金钱。”

卉卉说：“这个嘛，夫妻因为钱打架离婚的不少，因为有了钱出轨的也不在少数，我选银色吧！”

小天说：“我赞成卉卉的，我觉得应该是银色。确实没钱也不行，有句话说得好：贫贱夫妻百事哀。”

于律师说：“金钱这东西，要看怎么使用，夫妻一起努力赚钱，更能增加双方的凝聚力，所以我赞成金色。”

蔡新说：“金钱是奋斗的动力，我觉得于律师说得对。”

蔡新把一枚金色游戏币投进了水中。

于律师想了想，说：“家务。”

“因为干活吵架、离婚的可不少啊！”小天显得忧心忡忡。

“只有经常在一起干家务才能促进感情，你懂不懂，两人一起做家务会让感情越来越深的。”卉卉反驳道。

“我赞成卉卉，我也选金色。”于律师说。

蔡新说：“从积极的角度来说，家务有促进感情的一面，我也选择金色。”

于律师把一枚金色游戏币投进了水中。

卉卉说：“又到我了，那我说家暴！”

大家齐声说：“银色！”

“这个倒是统一啊！”蔡新感慨道。

卉卉把一枚银色游戏币投进了水中。

小天说：“爱情！”

卉卉说："这个应该是金色，你们看那些银发老人携手一起散步，多浪漫啊。"

于律师说："也有因爱生恨的。不过为了体现积极心态，我还是选择金色吧！"

"相信爱情的美好，我选金色。"蔡新说道。

小天说："结过婚的都相信爱情，我更应该相信啦。"

小天把一枚金色游戏币投进了水中。

蔡新说："又到我了，那我说困难！"

卉卉抢着说道："我觉得是金色，办法总比困难多嘛。"

小天说："你们没听说过，夫妻本是同林鸟，大难来时各自飞吗？我选银色。"

于律师摊开手，对蔡新说："两个年轻人的分歧，您赞成谁？"

蔡新说："从我做过的案子看，因为困难导致离婚的不少，比如孩子或一方生病，另一方为逃避责任而选择离婚；也有遇到困难不离不弃一起坚守的。为了感动，我赞成金色。"

于律师说："好吧，办法总比困难多，我也选金色。"

蔡新把一枚金色游戏币投进了水中。

卉卉说："你们都忘了婚姻中最需要的了，那就是岁月！"

于律师说："岁月可以改变很多东西，包括爱情、心态，但是，岁月能让一个人更平和，更愿意接受现实。我选金色。"

蔡新点了点头，说："我赞成！"

小天说："我觉得于律说得很好，岁月能让人不折腾。"

卉卉说："我本想说岁月是杀猪刀，能让人厌烦，但想了想，你们说得也对，岁月能让彼此变得更加容忍。我投金色吧。"

卉卉把一枚金色游戏币投进了水中。

蔡新说："好吧，我觉得差不多了。咱们数一数。"大家数了数，水盆里一共九枚游戏币，七个金色的，两个银色的。

于律师说："这说明一个问题，只要保持积极心态，婚姻中大多数遇到的问题都是好的。"

蔡新说："于律师说得非常有道理，那咱们来分析一下，怎样才能把婚姻变得更理想呢？"

小天说："简单，把游戏币捞出来，婚姻马上就变得简单、纯净。"

卉卉说："那是不可能的，这样就不是真正的婚姻了。"

蔡新说："卉卉说得对，没有这些因素存在，怎么可能是真正的婚姻呢！"

"婚姻就是这样，越往前走，背负的东西越多。"于律师若有所思地说道。

蔡新从自己抽屉里拿出一瓶墨水，滴进水盆里几滴。

"您这是干吗？"小天表示很不解。

蔡新解释说："婚姻是一个混合体，不管是把金色的还是银色的放进去，它们都不可能彼此独立，最终，它们会互相影响，变成一个颜色。这个颜色或者是积极的，能让婚姻走得更远；又或者是消极的，让婚姻走到尽头。"

于律师摸了摸自己的下巴，说："蔡律说得很有道理，那把水倒掉再来一盆呢？"

蔡新说："把水倒掉也是一种办法，这就是离婚。"

"那太消极了！"小天摇了摇头。

卉卉说："如果想变得积极一点，就把银色的游戏币捞出来。"

蔡新伸出手，从水里把银色的游戏币捞了出来。捞出来后，他把手摊开，对三人说："把银色的游戏币捞出后，你们发现了什么问题呢？"

小天说："您的手被染黑了。"

蔡新回答说："是的，我的手变黑了，就是说，婚姻中的各个因素互相影响，不是简单地把某些因素去掉就可以了，而是要把问题化解，把影响消除。"

于律师问："那怎么办才好呢？"

蔡新端起水盆，把三人带到了洗手间的水池旁边。

蔡新打开了水龙头，对着水盆不断注入清水，只见随着清水的注入，水盆中的黑色不断变淡，最后这盆水变得清澈。

小天若有所思地说："我明白蔡律的意思了，注入清水代表婚姻需要不断注入好的东西，比如乐观精神。"

"小天说得不错，我们可以把清水理解成乐观的精神和积极的态度。"于律师点点头。

卉卉说："对，清水还代表对彼此的善良。"

蔡新说："看来我这个实验还是取得了效果。那么咱们每个人用一句话来总结下婚姻，怎么样？"

于律师说："还是我先来。婚姻就像一双旧鞋子，越旧越随意。"

"听起来还是蛮有道理的！"卉卉说。

于律师说："我的意思是，重新接受一个人不如改变一个人，不要轻易离婚。"

"于律，按照您的逻辑，都不离婚，我们不就失业了嘛。"小天提出反对意见。

于律师笑着说："没有离婚案件的话，都跟着我干吧，肯定让你们不少赚钱。"

蔡新说："于律说对于婚姻不要轻言放弃，可是如果对错误的婚姻一味坚持也未必是件好事，所以，错误坚守不如放手！"

卉卉说："对呀，放手能让彼此有更好的选择嘛。"

小天说："说得都不错，那该我了。婚姻是爱的归宿，要让爱安歇，不要让爱疲惫。"

卉卉撇撇嘴说："看不出小天五大三粗的，说的话还挺有哲理。"

小天就是这样，对别人话里的刺从来不怕，把刺挑出当夸奖来听就是了。于是，他自豪地说："我的优点还多着呢！"

　　蔡新说："卉卉说一个吧。"

　　"婚姻，就像一段旅程，只有和谐相处，夫妻双方才愿意彼此陪伴到老。"

　　"卉卉说得也不错，夫妻就像火车上的侣伴，相处不好，肯定有人中途下车。"于律师说道。

　　蔡新说："我赞成。那我也说一个吧：婚姻就像在风雨中前行，要有甘愿撑伞的人，才能走得更远。"

　　于律师说："蔡律说的是一个婚姻中的现实问题，必须要有人愿意承担责任，愿意奉献。"

九

　　蔡新的家是一个三口之家，妻子小颖在一家大企业做人力资源工作，儿子蔡爽今年八岁，正在上小学。

　　小颖很能干，之前做销售工作需要经常出差，自从和蔡新有了孩子后，她就换了工作，为的是能多照顾孩子，多分担蔡新的压力。

　　婚姻就是这样，总要有人付出更多。为家务付出多意味着牺牲自己的事业，这是爱的表现。

　　蔡新和小颖都是外地人，俩人在北京四环外买了一套三居室，由于买的早，现在升值了，让很多人羡慕。

　　一次，蔡新和小颖聊天，蔡新说："老婆，你总结一下我的优点和缺点呗！"

　　小颖想了想说："你这个人还不错，遇事愿意沟通，在钱财方面也不瞒着我，但是，你不擅长做家务，自理能力差，对人生也没有大的追求。"

于是，蔡爽讲了下面的故事：

一只小猫把一只老鼠堵在一个角落里。小猫知道老鼠已经没有退路了，老鼠也绝望地发现，自己真的没有退路可逃了。于是，小猫很放松地给猫妈妈打了一个电话："妈妈，您不用做我的晚饭了。" 小老鼠也悲伤地给鼠妈妈打了一个电话："妈妈，您也不用做我的晚饭了。"

"我怎么听完你的故事，感觉有些伤感呢？" 菜新若有所思地说。

蔡爽狡黠地说："您可是说过，家庭暴力要不得。放下拖鞋，给我买点儿好吃的，您就不会伤感了。"

第一章

家庭暴力

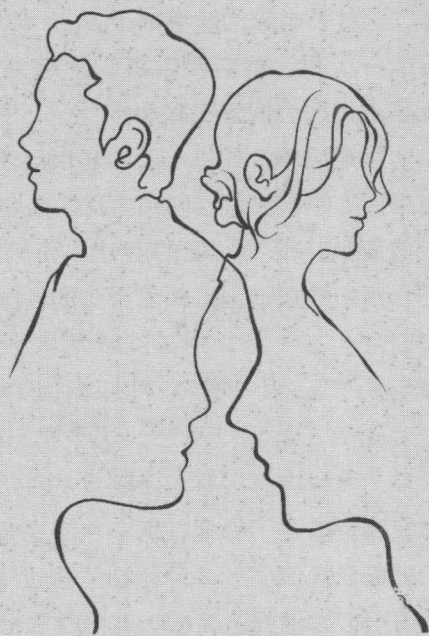

一

婚姻就像互相啮合的齿轮，想让齿轮正常运行，必须定期保养，还要经常注入润滑剂。

蔡新觉得，多聆听对方的感受、多承担家庭责任、尊重并善待对方的父母，这都属于婚内的定期保养。偶尔给对方一个惊喜，比如周末吃一顿烛光晚餐、来一次只有夫妻两个人的旅行、一起看一场电影，这就是婚姻的润滑剂了。

周六一大早，蔡新蹑手蹑脚地起身，拎着一个大的购物袋奔向附近早市，因为他想去采购些食材，中午给小颖和蔡爽做几个菜尝尝。他边走边想，如果小颖问起自己为啥这么勤快，就对她说："我要用拙劣的厨艺，让你品尝我的真心。"

正值深秋，街上一层的落叶，天气难得的好，都能看到天际的白云。蔡新走在街上，踩着金黄的树叶，突然想起了程颢的两句诗：隔断红尘三十里，白云红叶两悠悠。是啊，只要没那么多欲望，即使在红尘之中，依然可以做到心境悠然。

走着走着，就到了早市。这个早市规模很大，菜、肉、米、面、水果、海鲜应有尽有，还有日常百货、餐饮小吃啥的。蔡新先到一早餐摊位前要了份他特别喜欢的豆腐脑。这家摊位的豆腐脑很特别，老板自己调制了一种秘制"酱油汁"。热乎乎的豆腐脑盛到碗里，浇上"酱油汁"，撒上花生碎和炒熟的黄豆碎，上面再撒一点儿香菜和葱花，味道别提多美了。

蔡新一边吃着早点，一边看着穿梭而过的人群：摆摊卖菜的小贩，推着购物车的阿姨，跟着爸妈出摊的小孩儿，吃早点的老大爷。大家有的表情凝重，有的悠闲自得。表情凝重的大多是做生意的，悠闲自得的是退休的大爷大妈们。所谓的生活压力决定了生活态度，看来真的是这样。

早餐摊主忙碌之余，还热情地跟蔡新打了招呼。摊主夫妇是甘肃人，来北京十几年了，一直做早餐生意。摊主曾告诉蔡新，他们早晨两点多就得起床，五点多开始营业。好辛苦啊！蔡新感慨道。

突然，蔡新有了一个想法：夫妻双方彼此依存度高，离婚率可能就会低。比如说眼前的摊主夫妻，丈夫炸油条、做烧饼，妻子给顾客盛豆腐脑、收款、刷碗，二人配合得非常默契，心有灵犀。如果他们俩要离婚，可能就会考虑生意该怎么办？还能找到和自己配合这么默契的人吗？

按照这个逻辑，婚姻应该具有两种价值：生存价值和情绪价值。像一方的收入、对家庭的物质贡献、家务贡献之类的就是生存价值，像感情、性格、包容度等就是情绪价值了。

曾有人问蔡新，美貌属于什么价值？蔡新认为，美貌属于情绪价值，毕竟它能带给人愉悦心情。但别人举例说，如果夫妻卖早点，妻子的美貌对生意有帮助，难道不算生存价值吗？

蔡新给小颖和蔡爽带了两份豆腐脑和几个烧饼，又去市场转了一圈，买了海鲜、排骨和几种青菜，开始往家走。突然，他被一阵吵架声吸引，顺着声音一看，原来是一对青年男女，只见男子边骂骂咧咧边推搡着女子。女子个子很矮，长得十分瘦弱，显得很无助。

他们吵架时说到"离婚"的字眼，出于职业敏感，蔡新仔细听了下。虽然两人的语速很快，但他还是听出了大概，大致意思就是男子长期不给家里钱，对老婆、孩子不管不顾，女子提出离婚，男子不同意。

女子好像压抑很久的情感一下子爆发出来，声音很大，不一会儿，身边就围了很多人。男子抬手打了女子一个耳光，她想还手但力气太小了。男子一把扭住了她的手，让她动弹不得，另一只手抬起来还要打。

蔡新看到男子的打人行为，想上去制止，但又怕惹事上身。最终正义感占了上风，他大步走了过去，质问男子："你凭什么打人？"

但有人动作比他更快，只见一个二十岁左右的小伙子冲了过去，把男子按在地上并质问："你打女人算什么本事？"

男子被按住，拼命地挣扎，但是力气没小伙子大，于是他索性趴在地上，扭头对小伙子说："你少管闲事，我打老婆用得着你来管吗？"

小伙子没说话，一脚踹在男子屁股上。一个老大爷走过来对男子说："路不平大家铲，男人打女人违法，大家都有权利管。"只见老大爷银发飘飘，颇有古代豪侠的气势。

也许被老大爷的气势吓到，也许意识到众怒难犯，男人趴在地上不再作声。

被打的女子应该是手腕被男子攥疼了，不停地揉自己的手，看到小伙子把男子按在地上，赶紧对小伙子说："求您了，您就放了他吧！"

小伙子松开了男子，男子骂骂咧咧地先离开了。

正义就是这样，需要有人站出来，才能把众人的正义之火点燃。众人围过来，开始指责男子的不是。有人对女子说："打女人的男人嫁不得呀！"这时，过来一个拎着菜篮子的老大姐，她把菜篮子放下，拉起女子的手："告诉大姐，他为啥打你呀？"

女子很委屈地说："他喜欢赌博，赚的钱都输光了。租房子、照顾孩子他都不管，我还不敢说他，一说就打我。"

正说着，女子的眼泪又流了下来。

原来，女子和男子在附近做小生意，男子开面包车拉货，女子靠卖菜赚钱养家。男子在外面赌博，从来不管家。

女人哭着说："当初看他老实巴交的，以为跟着他就能踏踏实实过日子呢，谁知道他是这样的人。"

有人说，选择一段婚姻，就像掷骰子一样，谁也不知道结果。这种说法有些悲观，但也是一个事实，美好的期许未必有好的回报，否则这个世界真的充满阳光了。

女子还告诉大家，男子老侮辱她，说她有外遇，还跟踪她，一次争吵时，男子用饭碗把女子的脑袋都砸破了。

女子一番话，说得大家义愤填膺。老大姐对女子说："别跟他过了。他侮辱你，跟踪你，是不道德的，他打你，就是家庭暴力了。"

"侮辱、跟踪，也可能构成家庭暴力。"蔡新在旁边说了一句。

·家庭暴力包括哪些行为·

家庭暴力分为积极的家庭暴力和消极的家庭暴力。从行为来看，施暴人一般从身体、心理和性三个方面对受害人施暴。《反家庭暴力法》第二条规定，本法所称家庭暴力，是指家庭成员之间以殴打、捆绑、残害、限制人身自由以及经常性谩骂、恐吓等方式实施的身体、精神等侵害行为。《最高人民法院关于办理人身安全保护令案件适用法律若干问题的规定》第三条规定，家庭成员之间以冻饿或者经常性侮辱、诽谤、威胁、跟踪、骚扰等方式实施的身体或者精神侵害行为，应当认定为反家庭暴力法第二条规定的"家庭暴力"。

银发老大爷称赞蔡新说："您说得太好了！"众人也纷纷赞同。

女子抹了一把眼泪说："我不想跟他过了，但他不同意跟我回老家离婚。"

蔡新说："如果你们双方在北京持续居住满一年以上，可以在北京起诉离婚。"

·离婚诉讼如何确定管辖法院·

《最高人民法院关于适用〈中华人民共和国民事诉讼法〉的解释》第十二条规定，夫妻一方离开住所地超过一年，另一方起诉离婚的案件，由原告住所地人民法院管辖。夫妻双方离开住所地超过一年，一方起诉离婚的案件，由被告经常居住地人民法院管辖；没有经常居住地的，由原告起诉时被告居住地人民法院管辖。

老大姐问蔡新："您是法官还是律师呢？"

蔡新说："我是律师。"

蔡新对女子说："他再打您，一定要报警。家里安一个监控吧，他再打您，就可以作为证据呀！"

"对，就要安装监控，保留好证据，离婚可以用，警察也可以处分他。"老大姐给女子出了主意。

蔡新想，这个老大姐也是个懂法的人。

银发老大爷问蔡新："律师，家暴都要承担哪些责任呢？"

蔡新说："家暴行为主要承担三种责任，民事责任、行政责任和刑事责任。"

·家暴行为承担哪些责任·

1. 民事责任：《民法典》第一千零七十九条第二款规定，有下列情形之一，调解无效的，应准予离婚：实施家庭暴力或者虐待、遗弃家庭成员。《民法典》第一千零九十一条第三款、四款规定，有下列情形之一，导致离婚的，无过错方有权请求损害赔偿：实施家庭暴力；虐待、遗弃家庭成员。

2. 行政责任：《反家庭暴力法》第十六条第一款规定，家庭暴力情节较轻，依法不给予治安管理处罚的，由公安机关对加害人给予批评教育或者出具告诫书。《治安管理处罚法》第四十三条规定，殴打他人的，或者故意伤害他人身体的，处五日以上十日以下拘留，并处二百元以上五百元以下罚款；情节较轻的，处五日以下拘留或者五百元以下罚款。《治安管理处罚法》第四十五条第一款规定，有下列行为之一的，处五日以下拘留或者警告：虐待家庭成员，被虐待人要求处理的。

3. 刑事责任：《反家庭暴力法》第三十三条规定，加害人实施家庭暴力，构成违反治安管理行为的，依法给予治安管理处罚；构成犯罪的，依法追究刑事责任。

"可惜我也不懂法呀！"女子叹了口气。

"这样，您有法律问题可以咨询我。"看到女子这么无助，蔡新起了同情心。

"帮助弱者，积德行善啊！"看到蔡新这么仗义，银发老大爷不禁称赞起来。

女子很感动，一再对蔡新称谢，要了蔡新的手机号码，转身离开了。

看到女子瘦弱的背影，蔡新不禁叹了口气。好的婚姻能成就一个人，不好的婚姻可能会毁掉一个人。

旁边有人问蔡新："律师，如果她跟丈夫协议离婚，必须回老家吧？"

"是的，要到一方常住户口所在地办理的。"蔡新点头。

·协议离婚如何办理·

《婚姻登记条例》第十条规定，内地居民自愿离婚的，男女双方应当共同到一方当事人常住户口所在地的婚姻登记机关办理离婚登记。《婚姻登记条例》第十一条规定，办理离婚登记的内地居民应当出具下列证件和证明材料：1.本人的户口簿、身份证；2.本人的结婚证；3.双方当事人共同签署的离婚协议书。

那人谢了蔡新，转身离开，蔡新也拎着袋子赶紧回家。

刚走几步，见义勇为的小伙子追上蔡新，他对蔡新说："律师叔叔您好，我想认识您。"

蔡新对这个年轻人很有好感，边走边说："好啊，你刚才见义勇为的行为真不错。"

小伙子说："我看不惯打女人的男人。"

"一般来说，打女人的男人都是现实中比较失败的。"蔡新做了总结，但多少带了些主观色彩。

"我爸也家暴我妈。"小伙子对蔡新说。

两人边走边聊，小伙子告诉蔡新，他叫范团。

"这是个好名字，我姓蔡。"

"叔叔，咱们太有缘了。"

"可不嘛，有饭有菜的。"蔡新幽默地说。

"我小的时候，我我爸打我妈，也打我，对我伤害很大，这也是我今天站出来的原因。"范团显得有些激动。

"看来你有一个不好的童年啊。"

"是的，我的童年一直生活在我爸的阴影中。"

"你都长大了，现在这么健壮又帅气，所幸选择遗忘吧，遗忘才是最好的疗伤方法。"

"叔叔，太巧了，我和我妈正想找个律师咨询她离婚的事呢！"

"你都这么大了，他们真的过不到一起了吗？"

"我妈的忍耐力极强，否则这婚早离了，这次也是我建议她离婚的。"范团两手一摊。

蔡新想了想，拍着范团的肩膀说："你可以维护你妈妈的权利，但不要干涉他们的婚姻，这是叔叔给你的忠告。"

"我明白，我不会干涉的。"范团点点头。

二

蔡新去法院立案后刚刚回到所里，他立即抽空给之前接待的客户刘女士的前夫打了个电话。刘女士准备委托蔡新起诉她前夫，要抚养费。蔡新在电话里对她前夫说，他代理了刘女士的案子，准备提起诉讼。也许是怕上法庭，也许是迫于压力，又或是良心发现，刘女士的前夫表示，自己愿意承担孩子的抚养费和治疗费。

刘女士得知后非常开心，她告诉蔡新，她恋爱了，男友是她的大学同学，一个很有爱心的男人。男友还对她说，孩子的自闭是因为爱的缺失，现在要做的就是让孩子感受到什么是爱，明白如何爱别人。

蔡新想，源于爱的力量一切都会好起来的。

卉卉见蔡新走过来，站起身来说："蔡律，有个案子，当事人想委托我们做。"

蔡新说："让我先喝口水。"

小天赶紧拿起蔡新的杯子，去饮水机接了一杯水，递给了蔡新。"蔡律，您太辛苦了。下次外出的事，我替您分担。"

蔡新喝了几口水，笑着说："还是小天好。卉卉，赶紧说说案子吧。"

王女士把她丈夫打住院了。原因是，她丈夫一直有家暴的恶习。事发当天，丈夫喝完酒后跟她找碴儿，她顶了几句，她丈夫就抄起一个晾衣竿打她，还把她按在床上打。她把晾衣竿抢下来，打了她丈夫头部两三下，导致她丈夫头部出血，到医院包扎后，缝了几针，住了几天院，现在出院了。

卉卉问蔡新："王女士问，她想离婚，还能离吗？"

蔡新说："当然可以离婚了。事发当时，她报警了吗？"

卉卉回答："没报警，她直接把她丈夫送到了医院，听说伤势也不算严重。"

小天说："都缝了好几针，还不严重啊！"

蔡新问："她是不是害怕如果提离婚，她丈夫就会把她打人的事告诉警察，导致她被判刑呢？"

卉卉笑着说："蔡律聪明，就是这样的。"

蔡新说："她老公酒后持械把她压在床上打，她抢下凶器后反击，这属于正当防卫啊。"

卉卉说："我也是这么判断的。"

"我觉得不对，她打了一下算正当防卫还情有可原，但是她打了两三下呀！"小天提出自己的疑问。

卉卉说："谁说正当防卫只能打一下的？"

小天嘿嘿一笑，说道："我认为是防卫过当。"

蔡新说："一个男人手持器械把她按在床上，这种伤害具有攻击性、紧急性和破坏性。她作为一个弱女子，也没有太多选择，抢下来反击也是一个正常的反应，应该算正当防卫。"

卉卉笑着说："蔡律说得很形象，也有道理，那她老公出院后会不会报复她呢？"

小天说："那要看她老公是不是记仇的人。"

蔡新说："作为一个有家暴习惯的人，肯定要提防他的。可以建议她向法院申请《人身安全保护令》。"

·什么是人身安全保护令·

人身安全保护令是法院为了保护受害人以及受害人的子女、亲属的人身安全而作出的裁定。《人身安全保护令》要求被申请人：禁止继续实施家暴行为；禁止骚扰、跟踪、接触申请人和相关受暴力侵害人员；责令被申请人迁出申请人的住所。申请人身安全保护令，可以由受家暴者本人及其近亲属向法院提出，或者由公安机关、村委会、居委会等基层组织向法院提出。《反家庭暴力法》第二十八条规定，人民法院受理申请后，应当在七十二小时内作出人身安全保护令或者驳回申请；情况紧急的，应当在二十四小时内作出。

小天问："如果她老公不按《人身安全保护令》的要求执行呢？"

卉卉说："轻者拘留、罚款，重者刑事处罚。"

小天说："回到刚才的问题，如果她老公被她打死了，那还是正当防卫吗？"

卉卉说："得看怎么打的，如果她使个寸劲，一下把他打死，那还是正当防卫。"

小天说："可她打了两三下啊！"

卉卉笑着说："你还纠结这事哪，如果不确定是哪一下打死的，那就按照'存疑时有利于被告原则'，视为第一下打死，这样也是正当防卫。"

小天说："问题又来了，如果第一下打死，第二下第三下接着打，是不是构成'侮辱尸体罪'呢？"

小天的话把蔡新和卉卉都逗笑了。

卉卉说："你的思路够清奇，但不能构成侮辱尸体罪，因为构成本罪的前提是，知道打击对象是尸体。"

蔡新说："我还真的做过一个因家暴引发的刑事案件。一个农村妇女因为丈夫长期家暴，不堪忍受。事发当时，她老公用棍棒打她，在她倒地不起时，她老公还骑在她身上打，她顺手拿起旁边的剪刀刺向她老公，没想到正好命中心脏，人就死了。"

小天问："判了多久呢？"

蔡新说："判了三年，缓刑三年。"

"人都死了，判得这么轻啊！"小天感慨道。

"法院肯定认为她构成了防卫过当。"卉卉说。

蔡新说："卉卉说得没错！"

小天问："如果都是一下就打死，为啥刚才卉卉分析的案子是正当防卫，而蔡律说的案子是防卫过当呢？"

蔡新说："两个案子不同之处在于，一个从床边拿出剪刀刺向对方；一个是抢过晾衣竿打向对方，如果侵害者被打死，那么，抢过晾衣竿打人这个肯定更有利，因为凶器是从侵害者手中抢到的。"

卉卉说："可施暴者把她按在床上用棍棒打，她顺手拿出床边的剪刀，也属于面对危机的正常反应呀！"

小天问："有没有可能，剪刀是她特意藏在床底下的呢？"

卉卉说："故弄玄虚，把凶器藏在床下，把她老公引诱到床边施暴，再伺机杀死他。心思这么缜密，还犯得上被长期家暴？"

"那照你的推理，应该是正当防卫。"小天说。

蔡新说："我也认为是正当防卫，因为她在反抗时是没办法把握防卫的工具、力度和分寸的，可法官没有采纳呀！"

卉卉问："法院依据什么理由裁判的呢？"

蔡新说："法院认为，她虽然属于防卫行为，但使用的工具、刺杀力度和部位，主观上具有放任伤害结果的故意，酌情综合判断后，法院判了她三年，缓刑三年。"

"也可以了，如果被判故意伤害，估计要在十年以上了。"小天说。

卉卉说："我还是坚持她是正当防卫。"

小天说："不用服刑，当事人应该很满意了吧。"

"是的。"蔡新点点头。

三

蔡新正在路上开车，接到了范团的电话："叔叔，我爸又把我妈给打了，我们能过去找您吗？"

"你们来所里吧，我一个小时左右就回去。"跟范团通完电话后，蔡新叹了口气。

蔡新带着卉卉刚从大兴开完庭，一路很堵，但蔡新习惯了。堵车能锻炼人的性格，让人变得宽容、有耐心，至少蔡新是这么认为的。

一小时后，蔡新回到所里，不一会儿，范团和麻小丽也到了。

蔡新和卉卉在洽谈室里接待了麻小丽和范团。接待过这么多客户，蔡新总结了一点，对于婚姻纠纷的客户来说，他们一般不喜欢接待律师太多，因为不希望隐私被过多人知道。

卉卉带着范团和麻小丽走进了洽谈室，不一会儿，蔡新也走了进来。蔡新听范团说过，他和他妈受了不少委屈。蔡新看到，麻小丽中等身材，脸显得很白净，梳着短发，衣服穿着也很朴素。

范团对蔡新说："叔叔，我想让我妈跟我爸离婚。"

蔡新说："我告诉过你，你帮着你妈是对的，但不要干涉他们的婚姻。"

范团委屈地说："叔叔，我肯定不想他们离婚，可他老家暴我妈，我实在忍受不了。"

蔡新扭头对麻小丽说："您说说，范团他爸是怎么家暴您的？"

"昨天晚上，他喝了酒回家，到家就摔东西，还说我对他不知冷知热，我反驳他两句，他就打了我。"麻小丽边说，边指了指自己的额头。蔡新和卉卉看到，她额头上有一大块淤青。

卉卉心疼地说："他怎么这么狠啊！"

范团在一旁说："从我记事起，他就这么打我妈，可我妈总是忍着。"

卉卉说："他打您，您怎么不报警啊！"

麻小丽小声说："也是怕丢人啊。"

范团生气地说："在我小的时候，你就不应该跟他过。"

麻小丽对范团说："当时你那么小，我要是不跟他过，万一法院把你判给他，那我就啥都没有了。"

范团说："那就让他这么折磨你啊？"

麻小丽说："唉，人这一辈子很快就过去了，我能忍。"

蔡新从麻小丽的眼中，读出一种"期许不大，所以失望不多"的表情。他感觉到，对于离婚，麻小丽还没准备好。

卉卉想，隐忍、包容、自我牺牲，是很多女性具备的美德，不过，这些在不良婚姻中值得称颂吗？

范团给蔡新和卉卉讲了他小时候的一件事：

范团七岁时，得了重感冒，半夜发高烧到了 40 摄氏度。麻小丽给范团喂退烧药时把范河吵醒了，他大声对娘儿俩喊："还让不让人睡觉了？都给我滚！"麻小丽吓得背着范团半夜打车去医院打退烧针。打完针，麻小丽不敢回家，只能在候诊室里抱着范团静候天明。

范团说："我现在大了，他收敛多了，但他还是喜欢对我妈动手，这样下去也不是办法。"

麻小丽没有说话。

范团继续说："对了，他做生意赔钱了就回家摔东西，这算家庭暴力吗？"

卉卉说："这也算家庭暴力。"

"可惜都没留证据，要不可以告他去。"范团显得很生气。

蔡新说："这就是家庭暴力的特征，隐蔽又复杂。"

·家庭暴力的特征·

从静态的构成要件看，家庭暴力的特征表现为：

1. 主体双方的亲属身份性；

2. 暴力场所的特定性，一般以家庭住所为场所；

3. 侵害的客体集中于身体、精神、性三个方面的人身权利；

4. 主观上的故意性；

5. 客观上，家庭暴力既可以是积极的行为，也可以是消极的作为。

从动态的运行表现看，家庭暴力的特征有：

1. 手段的多样性；

2. 行为的隐蔽性；

3. 时间的连续性和长期性；

4. 原因的复杂性；

5. 外界介入的困难性；

6. 受害程度的不可预测性。

（摘自《最高人民法院民法典婚姻家庭编司法解释（一）理解与适用》）

卉卉问麻小丽："您一直没想过离婚吗？"

麻小丽说："范团小的时候，有人告诉我范河打我是家暴，让我跟他离婚，再跟他要赔偿。可我想，他打我的时候都是在家，范团又那么小，说出来也没人信。还有，他说离婚后，不把孩子给我。"

蔡新说："孩子小也不怕，他的证言可以作为证据使用。"

·未成年子女证言可否作为家暴证据·

家暴行为的特点是隐蔽性强，见证人少，并且发生在家庭成员之间，如果苛求证人年龄，受害者很难获得法律保护，所以，未成年子女的证言可以作为证据使用。

《最高人民法院关于办理人身安全保护令案件适用法律若干问题的规定》第六条第九项规定，人身安全保护令案件中，人民法院根据相关证据，认为申请人遭受家庭暴力或者面临家庭暴力现实危险的事实存在较大可能性的，可以依法作出人身安全保护令。前款所称"相关证据"包括：……未成年子女提供的与其年龄、智力相适应的证言或者亲友、邻居等其他证人证言。

"如果离婚，法官也会本着有利于孩子成长的原则来考虑抚养权的。"卉卉补充道。

范团问："我妈如果不想离婚，能要求我爸赔偿吗？"

蔡新说："这个不行。

·如何向法院请求家暴赔偿·

　　家暴损害赔偿包括物质损害赔偿和精神损害赔偿。离婚时可以向法院同时提起赔偿请求，在婚姻关系存续期间，家暴赔偿不可以单独提起。但夫妻约定财产归各自所有的情形除外。

　　《民法典》第一千零九十一条第三、四项规定，有下列情形之一，导致离婚的，无过错方有权请求损害赔偿：……（三）实施家庭暴力；（四）虐待、遗弃家庭成员。《民法典婚姻家庭编司法解释一》第八十七条第三款规定，在婚姻关系存续期间，当事人不起诉离婚而单独依据民法典第一千零九十一条提起损害赔偿请求的，人民法院不予受理。

范团说："我听明白了。还有一个问题，如果我妈跟我爸离婚，对他的家暴行为，哪些可以作为证据呢？"

卉卉说："家暴的证据还是比较广泛的。"

·家暴行为的证据·

　　《反家庭暴力法》第二十条规定，人民法院审理涉及家庭暴力的案件，可以根据公安机关出警记录、告诫书、伤情鉴定意见等证据，认定家庭暴力事实。其他如目击证人的证言、医麻小丽说："唉，当时也没手机，这些证据都没法找到，也没报警。当时他喝酒，倒是攒了一堆的酒瓶子。"

蔡新说："这也算证据，酗酒和家暴能联系到一起的。"

范团说："看来以后我和我妈也要学习法律知识呀！"

蔡新说："这个想法好，就是要知法学法。"

蔡新对麻小丽说："您不能太软弱，再遇到家暴，一定要报警。报警可以保护您的人身安全，情节严重些的话，警察可以对他进行拘留。如果后面涉及离婚，也可以作为证据。"

范团问："我爸打我也算家庭暴力吧？"

蔡新说："当然，暴力行为可以发生在夫妻之间，也可以发生在家庭成员之间。"

范团问："他这么对我妈，算不算虐待罪呢？"

蔡新回答："从你们叙述的情况看，应该够不上虐待罪。"

·什么是虐待罪·

虐待罪，是指对共同生活的家庭成员，经常以打骂、冻饿、禁闭、有病不给治疗、强迫从事过度劳动等各种方法，从肉体上和精神上恣意进行摧残迫害，情节恶劣的行为。该罪侵犯的是家庭成员间的平等权利，也侵害被害人的人身权利。客麻小丽迟疑了一会儿，对蔡新和卉卉说："不瞒两位，我确实不想离婚，因为我和范团他爸有三套房子，都在他爸名下。范团他爸说，等范团结婚就过户给范团一套，我们要是离婚了，我怕他反悔呀。"麻小丽吞吞吐吐地说了实情。

可怜天下父母心啊，蔡新不禁感慨。

"妈，离婚了也有您一半的财产，再说，我能自食其力嘛！"范团知道妈妈为自己好，但还是很生气。

蔡新明白了麻小丽不想离婚的原因，不由得对面前这个显得软弱的女人肃然起敬。他对麻小丽说："您一定要保护好自己啊！"

麻小丽说："我现在懂了，他再打我，我一定报警。"

范团说："我前几天给家里装了隐蔽摄像头，他再打我妈，就会留下证据的。"

又聊了几句后，范团带着麻小丽离开了。

范团和麻小丽走后，蔡新和卉卉回到办公室。

卉卉问蔡新："蔡律，您说家暴的男人是什么心理呢？"

蔡新想了想，说："有暴力倾向、心理自卑、内心脆弱。"

卉卉说："我赞成！"

四

范河对自己现在的处境很苦恼。他属于多重性格，好面子且多疑。在与外人交往时，他喜欢别人夸奖自己，说他很成功。可私下里，他又觉得真正理解自己的人很少。

在现实生活中，像范河这样的男人不少，在他们盛气凌人的外表下，隐藏着一颗脆弱而孤独的心。所以，范河也很孤单。

范河每次回家，都能感觉到麻小丽对自己表面上很客气，可内心却很抗拒。

他觉得范团和自己的关系也越来越僵。每当他回到家看到范团跟麻小丽一起有说有笑时，他也想凑上去说两句，但范团不是转身走开，就是借故离开。

不如意事常八九，可与人言无二三。范河想，还是找自己父亲倾诉吧。

范河小时候，母亲就因病去世了，他一直跟着自己的爷爷奶奶生活。父亲范堂从部队转业后，带着他来到了北京。后来，父亲跟张阿姨在一起，再后来，有了自己同父异母的妹妹范丽。

范河有时候想，自己的问题可能出在童年，因为童年的他就缺少爱的关怀。

范河开车到了父亲的小区，把车停好后上了楼。

范堂和张阿姨住在一个老旧小区，一套两居室的住房是范堂转业后单位分的。女儿范丽在外面上学，房子是范堂老两口自己住。

范堂和张阿姨正在吃饭，范河走了进来。张阿姨看到范河进来，赶紧说："范河来啦，坐下一起吃吧。"

范河摆了摆手说："我不吃啦，我就是想找我爸聊一会儿。"

范堂看到范河一脸的愁苦，就放下碗筷，把他带到了自己的会客室。

范堂很热爱生活，两居室的住房，他和张阿姨住一间，另一间改成了会客室，房间里放了沙发、养了花鸟，中间一张大桌子用来练毛笔字。

范河一屁股坐在沙发上，闷头不说话。

范堂拿了一包烟，递给范河一支，自己拿起一支。

范河点燃了香烟，使劲吸了一大口，吐了出来，感觉心情舒畅多了，抬头对范堂说："爸爸，如果我对您爱搭不理，您会怎么想呢？"

范堂笑了笑，对范河说："儿子啊，你如果不爱理我，那我肯定会回想从前的事，想想自己哪里做得不好，哪里对不起你。"

"老爸，您倒是豁达。"

"这么大年龄，我还能不看开嘛。"

"我想说，范团他对我说话阴阳怪气的，我问他什么，他总是爱搭不理，您说我该怎么办呢？"

"这是你自己的问题，我孙子跟我说过，从他小时候起，你就经常打他和他妈，现在孩子记恨你，理所应当嘛。"

"我也是为了他好，小时候这孩子淘气，不打他都不学习，这您也应该知道。"虽然范河说得冠冕堂皇，但他知道，自己为儿子所付出的并不多。

"儿子啊，老爹总结出一个经验，父亲是儿子的表率，而不是儿子的监工。也就是说，儿子是学着父亲长大的。"

范河沉思了一下，说："他现在的性格跟我还真不像。"

"多亏不像你，我孙子可比你强太多了。"

范河苦笑了一下，对范堂说："您也打过我，我怎么不记恨您呢？"

"这个问题比较复杂，我还真的不知道怎么回答。但是我想说的是，为什么我们把错误一直延续呢！"范堂使劲儿抽了一口烟，范河的话让他陷入了思考。

"爸，记得您还说过，棍棒底下出孝子啊！"

"唉，舞弄刀棍者，将死于刀棍下。当初我读书少，现在我很后悔当初的行为，要不是我当初打你，估计你不会成为喜欢家暴的人。"

"看来，我受您的影响颇深呀！"范河深吸了一口烟。

范堂说："确实，家暴行为真有可能代代相传。"

"您这么一说，我真担心范团会不会跟我一样，将来也有家暴行为。"

"这个应该不会，我的孙子我还是了解的，他十分有爱心，还经常用历史上优秀的人物事迹来激励自己。"

"您这么说，我就放心了。"范河点点头。

"儿子啊，我最近喜欢看法制节目，其中一个节目讲到一个家暴的父亲不但把婚离了，最后儿子长大也不认他了。"

"爸，我知道了。"范河突然显得很不耐烦。

爷俩聊了一会儿后，范河匆匆离开了。当范河关上门的那一刻，范堂叹了口气，心想，造成儿子今天这种性格自己也有责任啊！

五

蔡新很晚才回到家。

卧室里，小颖正在跟蔡爽一起读着一本童话书。

"这么晚才回来，可没给你留饭。"小颖放下书说道。

"我都告诉你了，我在外面吃了嘛！"蔡新不以为意。

洗漱完，蔡新凑了过来。"我也听听你们讲的故事。"

"这个故事你小时候一定学过。"小颖把书递给了蔡新。

蔡新拿过书一看，还真的学过，那是小时候学过的一篇课文《渔夫和金鱼的故事》。

蔡新翻了翻书，说："唉，故事里的老太婆简直是个女巫。"

小颖说："可不，老太太简直贪得无厌。"

蔡新说："老渔夫为了老太婆的欲望，一遍一遍地找金鱼，真不容易。"

小颖说："他就不应该惯着老太婆这臭脾气。"

蔡新说："这老太婆经常斥责老头，这种行为属于家庭冷暴力，老头应该把证据留好，告到官府，让官府收拾老太婆。"

"也不知道这故事是哪个朝代发生的，那时候有惩罚家暴的说法没。"小颖笑了。

"这老头也笨，为啥不让金鱼给自己换个好点的老婆呢？"蔡爽边玩儿边插了一句。

蔡新和小颖傻傻地说："咱们怎么没想到呢？"

一次，蔡新和蔡爽一起下五子棋，蔡新自认为是五子棋高手，没想到，下了三盘，他居然连输三盘。

蔡新气得把棋子一丢："不玩了！"

"爸爸，您下棋要有'棋品'呀！"

"轮得到你来教训我吗？敢教训你爸，看我怎么收拾你！"蔡新拎起一只拖鞋，装腔作势地向蔡爽走去。

"你不讲道理，还想打人！"蔡爽一边说一边笑嘻嘻地跑进卧室。

蔡新进了卧室虚张声势地说："看你这回还往哪跑？"

"打我之前能听我讲个故事吗？"蔡爽装出一副可怜相说道。

这小子居然遗传了自己的基因，会讲故事了，蔡新心里很开心，但没有表现出来。"讲吧，讲不好还收拾你。"

于是，蔡爽讲了下面的故事：

一只小猫把一只老鼠堵在一个角落里。小猫知道老鼠已经没有退路了，老鼠也绝望地发现，自己真的没有退路可逃了。于是，小猫很放松地给猫妈妈打了一个电话："妈妈，您不用做我的晚饭了。"小老鼠也悲伤地给鼠妈妈打了一个电话："妈妈，您也不用做我的晚饭了。"

"我怎么听完你的故事，感觉有些伤感呢？"蔡新若有所思地说。

蔡爽狡黠地说："您可是说过，家庭暴力要不得。放下拖鞋，给我买点儿好吃的，您就不会伤感了。"

第二章 同居关系

一

叔本华说，人世间最无助于快乐的是发财，而最能促进快乐的是健康。

人到中年，身体机能下降，但压力和责任上升。为了让自己多些活力，蔡新作出一个重要决定，开始晨跑。

周末清晨，蔡新在附近公园里开始了第一天晨跑。为了跑步，他还特意准备了一套崭新的运动服和运动鞋。让他羡慕的是，别人跑步看上去轻松自如，自己跑了没多远就开始气喘吁吁了。

蔡新咬着牙给自己设定一个小目标，先坚持两公里。对一个长期跑步的人来说，两公里不够热身。但对蔡新来说，两公里却是个不小的挑战。

蔡新跑完两公里后，赶紧坐在长椅上，坐下后就开始喘着粗气。

蔡新想，跑步这么不容易。当年那个雅典人斐迪庇第斯在山路上怎么跑了那么远呢？

"年轻人，跑完步要先走一走，不能直接坐下。"

蔡新扭头一看，一个身材高大、腰背挺直的老人坐到自己身边。

"感谢您的提醒。"蔡新向老人微笑示意。

突然，蔡新的手机响了，是一个客户打来的。她的离婚案下周开庭，她又找到一些证据材料，想跟蔡新约个时间见面谈谈。

客户有了问题要随时解答，哪怕是周末，这是蔡新的习惯。

蔡新接完电话，把电话放到斜跨布包里。

"原来您是律师啊！"老人显得很惊喜。

"是的。"蔡新回答。

老人说："太好了，我正准备找个律师咨询呢！"

老人介绍说，自己叫范堂，今年七十一岁，前妻很早就因病去世了，后来又找了一个老伴儿，俩人在一起好多年了。

范堂还说，他想和老伴儿离婚。但怎么离、财产怎么分，都不知道。

很多人会想，这么大岁数怎么还离婚呢？对蔡新来说见怪不怪。他曾经代理一个八十五岁老人和老伴儿离婚的案子。

蔡新问："是感情原因还是什么原因呢？"

范堂跟蔡新讲述了自己的故事：

范堂有一位关系很好的老战友，他儿子在北京做生意。几天前，老战友找到范堂，提出跟他借三十万元钱用于儿子生意资金周转。范堂跟多年不见的老战友痛快地喝了一顿酒，也爽快地答应了人家。结果，老伴儿却不同意，还说，这些养老钱除非遇到特殊情况，否则绝不能动。范堂很生气，也觉得自己没面子，于是动了离婚的念头。

"因为这儿就离婚吗？"蔡新很不解。

"她这么做让我很下不来台。再说，我战友若不是遇到大困难，也不会找我的。"

蔡新明白，范堂认为老伴儿毁了自己在战友心中的形象。

"我担心如果我提出离婚，会不会导致我分不到财产。对了，我们一直没领结婚证。"范堂继续说道。

"法律问题我确实可以帮您分析一下，不过离婚真不是小事，再说，您老伴儿的担心也是有道理的。"

"这样，您先帮我分析法律问题。"范堂拉住蔡新的手说道。

蔡新问："您和您老伴儿什么时候开始在一起的？"

范堂回忆了一下，对蔡新说："应该是 1994 年 10 月，也没办结婚仪式，就直接搬到一起住了。"

"多年同居一直没办结婚证吗？"蔡新很纳闷。

"唉，这事我一直愧疚，不过我们也算事实婚姻了吧？"

"您这不算事实婚姻。"蔡新肯定地回答。

"不是说同居时间久了就变成事实婚姻了吗？"范堂显得很惊诧。

蔡新回答："这个是以时间来算的，在1994年2月1日之前在一起同居的才算事实婚姻。"

·事实婚姻如何确定·

《民法典婚姻家庭编司法解释（一）》第七条第一项规定，未依据民法典第一千零四十九条规定办理结婚登记而以夫妻名义共同生活的男女，提起诉讼要求离婚的，应当区别对待：（一）1994年2月1日民政部《婚姻登记管理条例》公布实施以前，男女双方已经符合结婚实质要件的，按事实婚姻处理。

"那我们岂不是非法同居了？"范堂一脸惊恐。

"法律已经取消了非法同居概念，不用担心。"

范堂说："这种情况下，如果我想和老伴儿分开，那怎么办呢？"

蔡新说："如果没有任何争议，直接分开就行，或者写一份协议，处理下财产问题和子女问题。"

范堂追问："那要是协商不了，打官司法院能受理吗？"

蔡新说："同居财产纠纷，法院肯定受理。"

·法院是否受理同居财产纠纷及抚养纠纷·

《民法典婚姻家庭编司法解释（一）》第三条规定，当事人提起诉讼仅请求解除同居关系的，人民法院不予受理；已经受理的，裁定驳回起诉。当事人因同居期间财产分割或者子女抚养纠纷提起诉讼的，人民法院应当受理。

"一旦到了法院，我还能分到财产吗？"范堂又是一脸忧虑。

蔡新笑着说："当然能，但要照顾无过错方。"

·同居期间财产处理·

《民法典》第一千零五十四条规定，无效的或者被撤销的婚姻自始没有法律约束力，当事人不具有夫妻的权利和义务。同居期间所得的财产，由当事人协议处理；协议不成的，由人民法院根据照顾无过错方的原则判决。

"关键是，我们也分不清谁的财产了。"

"同居财产呢，原则上是按份共有，分不清，那就等份共有，一人一半。"

范堂点了点头说："那跟夫妻也没啥区别了。"

"不过呢，我还是劝您慎重考虑。"

"是啊，我也在想自己是不是太意气用事了。"

"我觉得也是。"见范堂回心转意，蔡新不禁露出微笑。

"蔡律师，真是太谢谢您了。"

"您别客气。我再跑一会儿，咱们回见！"

"蔡律师，能给我留个电话吗？"

"可以啊，有需要的话可以跟我联系。"

蔡新拿起手机，也把范堂的电话记了下来："对了，范老先生，前几天我认识了一个小男孩儿，他的名字叫'范团'，和您的名字挺像的。"

"太巧了，没想到咱们这么有缘分。范团是我的孙子，这个名字还是我起的呢！"范堂颇为自豪。

蔡新很惊讶："那确实是太巧了。"

"可不嘛，以后少不了麻烦您。"

蔡新跑了很远，范堂还在后面喊："不要着急，要坚持啊！"

二

范团恋爱了，恋爱的女孩儿叫倩倩，比范团大三岁。

倩倩很漂亮，个子不高，喜欢穿高跟鞋，可以让身材显得修长。这说明了一个道理，人要学会掩饰缺点，就像求职，可以在面试官面前说自己聪明，但不要说自己懒。

范团和倩倩不在一个公司，但在同一楼层上班。一次，倩倩拿着很重的袋子上楼，范团看到后，动了侠义心肠，二话没说，背上袋子，把倩倩送到了公司门口，从此两人就认识了。

一次闲聊中，倩倩知道范团是北京人，还有一套九十多平方米的住房。出生在农村的倩倩很羡慕，她觉得有人一出生就实现了自己的终极奋斗目标，真不公平！

倩倩是个很现实的女孩儿，她明白，爱情的尽头不是风花雪月，而是柴米油盐。

一天下班后，范团和倩倩相遇，倩倩说："你请我吃饭吧。"

"好啊，求之不得。"美女主动示好，范团很开心。

在一个环境不错的餐厅，范团请倩倩吃了顿饭。

吃完饭后，俩人沿着街道一起走，彼此聊得很开心。时值初冬，天气很冷，但两人却丝毫不觉，路灯把一对青年男女的影子映在一起，街道瞬间变得浪漫。

倩倩问范团："你喜欢我吗？"

"喜欢，当然喜欢了。"

"咱俩谈个恋爱怎么样？"

爱情突然而至，让范团手足无措。"那当然好了，我求之不得！"范团开心得不知道怎么表达。

于是，俩人开始恋爱。

倩倩告诉范团，她向往那种纯粹的爱情，范团不解，让倩倩描绘它的样子。

倩倩说："就像《麦琪的礼物》中的主人公一样的爱情。"

范团说："这部小说我读过，一对笨孩子为了送对方礼物而牺牲了自己最珍贵的东西。但麦琪告诉了这对笨孩子，最珍贵的礼物就是彼此的爱。"

倩倩说："说得太好了，我们也来一场这样的爱情吧。"

一天，倩倩加班，晚上范团在写字楼前面等着倩倩。

倩倩出了写字楼，看见范团骑着一辆崭新的电动车在外面等着自己，就对范团说："买了一辆新车呀！"

范团说："是啊，这是一辆'爱玛'电动车，我想带着你兜风。"

倩倩叹了口气。

范团问："为啥叹气呢？"

倩倩说："可惜不是宝马呀。"

范团说："爱玛也是很好嘛，你看我骑着它多帅气。"

倩倩说："不是有句话说'宁在宝马车上哭，不在爱玛车上笑'嘛！"

范团说："可你跟我说，你喜欢《麦琪的礼物》中主人公的爱情，别忘了，主人公吉姆可是连爱玛都没有。"

倩倩说："记得有一首歌是这么唱的：有爱情，还要有面包，有宝马，还有钞票。"

范团说："是我肤浅了，爱情和面包，我听过，宝马和钞票，真没听过！"

三

小天很好学，自从给蔡新做助理后，对法律产生了浓厚的兴趣。

不忙的时候，小天向蔡新提问：

一对夫妻，结婚一年后，丈夫开始长期不回家，妻子调查后发现，丈夫原来是双性恋，他在外面跟一个男性同居。妻子知道事情真相后，很生气，她想起诉丈夫，让他和另一个男性解除同居关系。

小天问："蔡律，您说这个案子，妻子能赢吗？"

卉卉笑着说："小天怎么尽提些怪怪的问题。"

"法律，需要我这种探究精神。"小天拍了拍自己的胸脯。

蔡新回答："你这个问题呀，谈不上赢，法院不会受理的。原因我来告诉你。"

·同居关系能否通过诉讼解除·

《民法典婚姻家庭编司法解释（一）》第三条第一款规定，当事人提起诉讼仅请求解除同居关系的，人民法院不予受理；已经受理的，裁定驳回起诉。

"为啥不受理？这已经威胁到她的婚姻了！"小天不解。

"除非同居双方构成重婚罪，你觉得他们同居能构成重婚罪吗？"

小天挠了挠头，说："这个真不知道。"

蔡新对卉卉说："卉卉，你给小天普及下同居关系的知识吧。"

"没问题，两杯奶茶解决，我跟蔡律一人一杯。"卉卉爽快地提出要求。

"才这么点要求呀！"小天摇了摇头，拿起了手机。

"爽快，那我想想怎么跟你说。"卉卉表扬了小天。

蔡新说："卉卉，你先说下同居关系的分类吧。"

"同居分广义同居关系和狭义同居关系。像亲属、同学、朋友，甚至陌生人一起居住，都可以称为广义同居关系。恋人、夫妻、情人之间的同居就属于狭义上的同居关系了。你说的男男同居，应该是狭义同居关系。"

小天问："我刚才的问题，他们能构成重婚罪吗？"

卉卉说："想了解答案，得先知道重婚罪的构成。"

·重婚罪包括哪些情形·

1. 有配偶而与他人登记结婚的；

2. 有配偶与他人没有登记结婚但以夫妻关系同居生活的；

3. 明知对方有配偶又与对方登记结婚或以夫妻关系同居生活的。

[摘自《最高人民法院民法典婚姻家庭编司法解释（一）理解与适用》]

卉卉说："你说的这个案例，没法构成重婚罪，原因有三：首先，他们没有登记结婚，肯定不属于有配偶与他人结婚；其次，他们是同性恋，没法以夫妻相称；最后，即使对外以夫妻相称，别人不相信不说，还会觉得怪怪的。"

小天笑着说："你说得还真对。"

蔡新说："法律不支持男男结婚，所以不能构成重婚罪。"

小天问："那妻子该怎么维权呢？"

卉卉说："只能把证据整理好，向法院申请离婚，再要求赔偿了。"

正说着，小天的外卖到了，小天给每人买了一杯奶茶，还买了一个小蛋糕和一大包零食。

卉卉开心地说："还是小天好啊。"

"你以后少挤对我，比啥都强。"小天显得很委屈。

"咱们以后都得对小天好点。"蔡新先喝了一口奶茶，然后说道。

"感谢两位大律的普法，多谢多谢。"小天作了一个罗圈揖。

"也感谢你的奶茶。"蔡新和卉卉端起了奶茶杯。

四

范团和新交的女朋友倩倩同居了，俩人商量好，等范团到了结婚年龄再去办结婚手续。

一天晚上，倩倩躺在床上，环顾四周并问范团："这套房子在你名下吗？"

"在我爸的名下呢！"范团一边看电视一边漫不经心地回答。

"那你赶紧过户过来，放在自己的名下多踏实啊。"

"我爸说了，得等我结婚后，才过户给我呢！"

"你不是跟我说，你爸在外面不回家，万一给你再来个弟弟，不就危险了嘛！"

"行吧，等我回家时候跟我妈说。"倩倩的话让范团不舒服，因为爸爸的行为，也因为倩倩的要求让他无法理解。

"过户的时候加上我的名字吧。"倩倩说的时候显得漫不经心。

范团犹豫了下，对倩倩说："这不合适吧，毕竟是我爸妈的房子，我还想，等我有钱买房了，把这套房子还给他们呢！"

倩倩瞪了范团一眼，对范团说："你傻呀，一套房子好几百万，够我们赚好几十年了，等你买房，估计我都退休了。"

"房子要是凭我的能力购买的，写上你的名字没问题，可这房子确实不合适。这样，我以后赚钱，都交给你保管，好吗？"

"有啥不合适的，咱们已经在一起了，我的心也交给你了，等你到了结婚年龄，咱们就去领证。我只想要一个保障而已。"

对于倩倩的要求，范团心里很不舒服。

第二天，范团给蔡新打电话："叔叔，我女朋友想在我房本写上她的名字，对我有没有风险呀？"

"记得你说过，这套房子在你爸名下，从法律上说，你没权利处分它呀。"

"那如果我现在过户过来呢？"

"现在过户到你名下，属于你的婚前财产，你就有权写她的名字。但是如果分手，房产就有人家的份额了。"

范团说："她提这要求，我心里挺不舒服，但不知道该不该拒绝。"

一套房产，对任何一个普通家庭来说，都不是小事。蔡新斟酌了一下，回答说："你要想加她名字，等结婚有了小孩儿，可能会更好吧。"

"她说，俩人既然想在一起，就要对彼此付出真心，房本写上她的名字，能让她更有安全感。"

蔡新想，爱情如果掺杂了这么多的东西，它还是纯净的爱情吗？

"大的主意你自己拿，不过呢，即使你过户过来，也是你父母对你的赠与财产。是否写上她的名字，也应该考虑赠与人的意愿。"蔡新显得很有耐心。

范团很聪明，他明白了蔡新的意思，赶紧说："我听明白了，叔叔。"

"那就好。"

"叔叔，我工资卡也被她要去了，她说同居的话，财产就不分彼此了，您说对吗？"

蔡新回答："不对，工资、奖金、经营收益，原则归各自所有。"

·同居期间财产如何分配·

同居期间一方工资、奖金、经营收益，或者因继承赠与所获得的合法收入，原则上归本人所有；如果无法举证为本人所有，则视为共同共有。

《民法典婚姻家庭编司法解释（一）》第二十二条规定，被确认无效或者被撤销的婚姻，当事人同居期间所得的财产，除有证据证明为当事人一方所有的以外，按共同共有处理。

同居期间共同购置的财产，可以根据各自的出资额认定为共有。对同居期间为共同生产、生活而形成的债权、债务，可按共同债权债务处理。如果一方在共同生活期间患有严重疾病未治愈的分割财产时，应予以适当照顾。

[摘自《最高人民法院民法典婚姻家庭编司法解释（一）理解与适用》]

跟蔡新咨询完后，范团心情很沉重。

晚上，范团去爷爷家，看到爷爷和张奶奶散步回来。

在房间里，范团偷偷问爷爷："您不是要跟张奶奶分开吗？"

范堂叹了口气，对范团说："爷爷思前想后，才知道自己错了，所以，我要跟你张奶奶好好过日子。"

"爷爷，您太棒了，简直是我的表率，更是我爸的楷模。"

"爷爷就是要做你们的表率，我和你张奶奶以后就是，结发为夫妻，恩爱两不疑。"

"办结婚证吗？"

"当然！"范堂的脸上露出幸福的表情。

"爷爷，您的事情解决了，说我的事吧，倩倩在房本上加她名字的要求，您觉得我应该同意吗？"

"法律问题，爷爷帮不了你。但我可以从人情世故的角度给你分析下。"

"就是，爷爷过的桥比我走的路还多。"

"当然，岁月教会了我很多东西啊！"范堂显得很自豪。

范团从爷爷的表情中，读到了一种岁月的沧桑。

范堂继续说："记住了，遇见不易，但相守更不易，所以两人的脾气秉性、思想观念都要匹配。"

"我明白了爷爷，思想差距大，路走不远。"

"没错，世界上最远的距离，不是你在高山，我在海底。而是你在我面前，我却不懂你。"

"我太崇拜您了，爷爷。"

"还要看看彼此家庭的差距。两个人的结合，也是两个家庭的结合嘛！"范堂很有耐心地说道。

"爷爷，倩倩有个哥哥，他不上班不说，还整天想着赚大钱，前段时间还跟我借钱呢。"

"您借给他了吗？"

"借了，毕竟他是倩倩的哥哥，再说就跟我借了两万块钱，我就给他了。"

"倩倩怎么说的呢？"

"倩倩说，她哥哥挺不容易的！"

范堂用手指了指说："我倒是觉得，倩倩才是始作俑者。"

"您真的这么认为吗？"

范堂语重心长地说："孙子，我给你讲个故事吧。"

熊外出觅食，把熊宝宝放在藏好的窝中，被狐狸看见。狐狸对狼说："熊不在家，你可以去把熊宝宝吃掉。"于是，狼按照狐狸的指引，找到了熊宝宝并把它吃掉，但这事被乌鸦看到。熊回到家，很伤心，乌鸦告诉了它事情经过。熊抓到了狐狸，狐狸辩解说："这都是狼干的，跟我一点儿关系都没有。"熊生气地说："干坏事的固然可恨，但怂恿别人干坏事的更可恨。"

"爷爷，您的意思我明白了。"

"唉，你们在一起时间不长，多观察下吧，现在下结论为时过早。"

"行，我听您的，爷爷。"

"还有，下次再跟你借钱，千万别借了，第一，你也刚上班，没啥积蓄；第二，如果让坏人指望上你，这不是好事。"

"爷爷，我还想问您个事情。"

"说嘛！"范堂显得很痛快。

"您这么睿智，为啥前段时间要跟我张奶奶分开呢？"

"唉，人都会犯错的，但不要在错误的路上蒙眼狂奔。"

"爷爷，您做了错事，都能说出这么有哲理的话，厉害！"范团伸出大拇指。

五

蔡新在所里，认真地核对着证据材料。这是一个同居纠纷的案子，男方委托蔡新做他的代理人。他们同居期间还共同经营了一家超市，经济来往很多，微信、支付宝、银行卡、现金，还有各种票据。单票据就有三百多张。

证据材料要认真核对，以免出错。小天算完金额后，蔡新又核了一遍。

过了一会儿，卉卉从外面回来，她刚跟客户见完面，拿回几个重要证据的复印件。

对房产证、公证书、借条等重要的证据材料原件，有经验的律师一般都让客户自行保管。曾经有个实习律师犯了一个错误，把客户十几万的欠条原件弄丢，直接吓傻了。但这是个幸运的家伙，因为其他证据能证明债权的存在。

大家各自忙了一会儿，一个客户来所里找蔡新。

蔡新对卉卉说："咱们一起去接待客户。"

蔡新和卉卉进了洽谈室，客户是一位和卉卉年龄差不多的女孩儿，蔡新称呼她伍小姐。

伍小姐跟卉卉身高差不多，长得很漂亮。

伍小姐看起来一脸憔悴，吞吞吐吐地介绍了情况：

伍小姐爱上了一个已婚男士胡先生，俩人同居一年多。同居期间，伍小姐还生下一个小女孩儿。当初胡先生承诺要离婚跟她在一起，但没有做到。后来，俩人协商分手，并写了一个分手协议，约定了胡先生给伍小姐一次性补偿一百万元，俩人签了协议后，胡先生把一百万元打入伍小姐的银行卡内，但是，没过多久，胡先生就跟伍小姐说，他准备要回这笔钱。

伍小姐说："他说现在生意不好，让我把钱还给他，但我不想给他。他说我们的同居是非法的，我们的合同也是无效的。他还说，只要起诉我，法院就会判我还他这笔钱的，我现在很担心。"

卉卉心想，作为已婚人士，背着妻子和情人一起同居，有悖于社会公德，这份合同不应该有效吧！

但卉卉并不确定，于是扭头看着蔡新。

蔡新问伍小姐："你们的协议是怎么签的呢？你得把前因后果告诉我。"

伍小姐说："那天我们吵了一架，他打了我。后来哄我，说既然不能跟我在一起，就多给我点儿补偿，让我和女儿不受委屈。他在外面出差时，用微信跟我商量，想补偿我和女儿一百万元，作为补偿费和女儿的生活费。等女儿上学后，他再单独给钱。他说回来跟我写个协议。"

蔡新又问："他出差回来，你们就签了协议，他把钱给您了，对吗？"

"没错，就是这样的，谁知道他又反悔了。"

"你们之间不存在胁迫、欺骗，证明这是他的真实意思表示。虽然你们的关系不为道德允许，但这是你们达成合意的结果，并且，这笔钱已经支付给您了，他起诉到法院，胜诉的可能性很小。"

·有配偶者与他人同居的赠与行为是否有效·

有配偶者与他人同居的行为不受法律保护，其赠与行为和接受赠与行为均不受法律保护。

基于赠与人给付原因的不合法与接受赠与的不合法，原则上应确认已经给付的不得请求返还，尚未给付的不得请求支付的尺度。

[摘自《最高人民法院民法典婚姻家庭编司法解释（一）理解与适用》]

伍小姐说："有的律师跟我说，我们这种协议有违公序良俗，法律不会保护，我应该返还给他。"

蔡新说："这虽然违反公序良俗，但不存在胁迫的事实，更重要的是，约定的补偿已经支付，所以他很难得到法律支持的。"

伍小姐疲倦的眼神中露出了光亮。她开心地对蔡新说："那就太好了，现在我们娘儿俩相依为命，这笔钱是我的希望。"

蔡新没说什么，心里叹了一口气，心想，缘分如果分善恶，那伍小姐这段缘分就是恶缘了。

伍小姐对蔡新说："蔡律师，他已经起诉我了，您就帮我打这场官司吧。"

蔡新说："嗯，您放心，我会尽全力的。"

委托律师的事确定了，伍小姐如释重负，话也多了起来。她对蔡新和卉卉说："我知道我和他在一起从一开始就是错的，但就是没控制住自己的感情。刚和他在一起时，他对我特别好，可我生了孩子后，他总是找各种理由回避我，推说自己忙。他答应跟我结婚的，最后也反悔了。"

蔡新安慰伍小姐说："毕竟他是有婚姻的人，这样的结果也许对您更好。"

伍小姐感慨地说："其实我知道，他不跟我在一起，也是舍不得他老婆。"

卉卉心想，不是新欢不够好，而是旧爱忘不了。唉！这句话好像用在这里不合适。

六

电梯里，小天遇到了王勇律师。

王勇长得高且瘦，感觉七八级风就能让他在风中凌乱。他主做劳动法案件，每天忙碌得不行。别人问他为啥这么忙，他感慨地说："劳动法案子不好做，不但费用低，而且麻烦多。"

"王律早！"小天跟王勇打了招呼。

"小天早！"王勇热情地招了招手。

小天知道王勇刚结婚不久，开玩笑似的跟王勇说："王律，您都结婚了，我还孤身一人，把您追女孩儿的诀窍教给我吧！"

"你条件这么好，怎么还没找到女朋友呢，怪事。"

"要怪就怪兄弟太笨。"

"王哥告诉你，追女人一定要死皮赖脸。"

"你追嫂子就是这么追来的吧？"小天笑呵呵地打趣道。

"当然了，就是这么追的。比如说，我当初追你嫂子时，对她说，别看今天你对我爱搭不理。你嫂子很疑惑，对我说：'明天怎么样呢？'"

"您怎么说的？"小天很好奇。

"我坚定地说：'明天我依旧死心塌地等你。'"

小天朝王勇挑起了大拇指。

不一会儿，卉卉和蔡新也一前一后来到了所里。

看蔡新进来，小天殷勤地给蔡新杯子里倒满了水。

"蔡律，想请教您个法律问题。"

"说吧！"蔡新爽快地答道。

"我朋友有个亲戚，小名叫铁牛。铁牛是一个大车司机，长期在外地跑车，和媳妇聚少离多。他和媳妇结婚三年，结婚仪式办了，但没领结婚证。"

"没领结婚证算啥媳妇，也就是个同居关系。"卉卉说。

"别较真好吗？听我慢慢讲给你们。"

铁牛正在外面跑长途，接到了姐姐的电话。姐姐焦急地告诉他："你媳妇跟一个男人跑了，把我放在抽屉里的两千块钱和我的首饰也拿走了。"铁牛着急地问："那孩子呢？"姐姐说："孩子没带走，她自己跟那个男的远走高飞了。"铁牛很生气，开到一个服务区把车停好，然后大哭了一场。

卉卉叹了口气说："唉，这个可怜的男人！"

"对了，铁牛和媳妇有个儿子，户口登记在铁牛姐姐名下，出生证上的母亲也写着铁牛姐姐。"小天做了补充。

卉卉说："这算个悲惨的故事了。"

蔡新说："看来，这女人是铁了心不跟铁牛过了。"

小天说："我想问的是，孩子登记的母亲不是铁牛媳妇，铁牛还能跟她要抚养费吗？"

蔡新回答说："当然能，在请求抚养费的同时让孩子跟她确认亲子关系。"

"是不是需要做亲子鉴定啊？"小天又提出疑问。

卉卉说："必要时肯定要做亲子鉴定。"

小天问："需要啥证据呢？"

蔡新回答："邻居亲友证言、女方跟孩子合影、幼儿园家长信息的签字，都可以作为证据使用。

·亲子关系如何确认·

《民法典婚姻家庭编司法解释（一）》第三十九条规定，父或者母向人民法院起诉请求否认亲子关系，并已提供必要证据予以证明，另一方没有相反证据又拒绝做亲子鉴定的，人民法院可以认定否认亲子关系一方的主张成立。父或者母以及成年子女起诉请求确认亲子关系，并提供必要证据予以证明，另一方没有相反证据又拒绝做亲子鉴定的，人民法院可以认定确认亲子关系一方的主张成立。

小天问："还有一个问题，铁牛长期在外面跑车，他姐可以替他起诉吗？"

蔡新说："对于确认亲子关系的诉讼，只有三类人可以。"

· 亲子关系诉讼的适格原告 ·

    1. 父亲；

    2. 母亲；

    3. 成年子女。

（《民法典》第一千零七十三条）

小天说："那我明白了，不过人都跑了，如何找到她鉴定呢？"

卉卉说："人跑了也不怕，公告送达呗。"

"是这样吗？"小天不放心，转头向蔡新求证。

"卉卉说得没错，确认身份关系，也可以公告送达。"

"那公告送达得登报，对吧？"

"登报只是公告送达的一种形式，还有其他的呢。"卉卉回答。

· 公告送达的形式和期间 ·

    《民事诉讼法司法解释》第一百三十八条规定，公告送达可以在法院的公告栏和受送达人住所地张贴公告，也可以在报纸、信息网络等媒体上刊登公告，发出公告日期以最后张贴或者刊登的日期为准。对公告送达方式有特殊要求的，应当按要求的方式进行。公告期满，即视为送达。

小天说："那我赶紧让我朋友告诉铁牛该怎么做，要不他太吃亏了。"

"小天是个善良的小伙子啊！"蔡新点了点头。

七

一大早，蔡新的朋友老丁打来电话，蔡新称呼他"丁哥"。

"蔡新，你处理的婚姻纠纷多，我想请教一个问题。"

"什么问题呀？丁哥。"

"是这样，我儿子小杰谈恋爱了，交往的女孩儿人不错，我也见过，但让我不满意的是，她交往过好几个男朋友，你怎么看这个问题呢？"

老丁是一个企业的老总，说话直来直去，蔡新很喜欢他的性格。

"丁哥，你满意与否不重要吧？"蔡新反问。

"我懂，我只是觉得，女孩儿交往过这么多男友，是不是不大好呢？"

"丁哥，我倒是觉得，您操的是没用的心，要不，我给您讲个故事吧。"

"好啊，我洗耳恭听。"

蔡新讲了下面的故事：

一个很小很小的女孩儿，被癞蛤蟆抓走了，癞蛤蟆想让她嫁给他儿子小癞蛤蟆。小女孩儿逃走了，遇见了田鼠。田鼠又把她介绍给穿着天鹅绒大衣的鼹鼠做老婆。她又被燕子救走了。最后，她遇到了小王子。她想，跟癞蛤蟆和鼹鼠比，这才是我应该嫁给的人呀！于是，女孩儿和小王子幸福地生活在一起。

"我听过，这是《安徒生童话》里拇指姑娘的故事。你的意思是，感情经历多未必是坏事，对吗？"

"丁哥，我就是这意思，希望您能说服自己。"

"你这个故事很好，能让我换一个积极角度看待问题。"

蔡新到了所里。

小天来到蔡新面前，说："蔡律，有个美女客户来找您咨询。"

"行，你跟我一起接待。"

蔡新进了洽谈室，看见一个年轻的女孩儿在里面坐着，相貌清秀、穿着职业装，梳着短发。

小天介绍说："这是我们蔡律师。"

那个女孩儿站起身来，伸出了手。"您好，蔡律师，我姓谭！"

蔡新和谭小姐握了握手。

谭小姐对蔡新说："蔡律师，我的事挺难以启齿的。"

蔡新说："那也不能憋在心里，说出来吧。"

谭小姐介绍了她的情况：

谭小姐大学毕业后，到了一家上市公司做数据分析工作，她的主管是一个已婚男性，比她大了十几岁。长期的相处中，主管在很多地方维护她、照顾她，还经常对她嘘寒问暖，这让她对主管产生了好感。时间长了，俩人就走到了一起。虽然她知道主管有家庭，但是还是不计后果地沦陷了。

主管没能跟她结婚，为了表示歉意，给她买了一套房。为了让谭小姐放心，主管还跟她签了一个补偿合同，意思就是赠与房子是为了补偿谭小姐。但是，这件事情被主管的妻子发现了，现在主管的妻子起诉谭小姐，想要回房子。

谭小姐问蔡新："蔡律师，他妻子找到过我，说他送给我房子的钱是夫妻共同财产。您说，我能拒绝他的妻子吗？"

蔡新摇了摇头，说："如果主管用夫妻共同财产为您购买，他妻子确实有权利要回的。"

"为什么呢？我们俩签合同了呀！"谭小姐不解地问。

蔡新回答："他赠与您的房产属于财产性补偿，这种补偿通常以协议的形式表现出来，可能是书面的，也可能是口头的。如果你们作出约定后，作出补偿的一方不履行，法律无法强制，因为这种协议违反公序良俗；但是，如果约定的补偿达成，他请求返还，也得不到法律保护。但有个例外情形，那就是他的合法配偶以侵害夫妻共同财产为由主张返还。

有配偶者向他人赠与财产，合法配偶可否主张返还

有配偶者与他人同居，为解除合同关系，双方一借款或者其他形式确定补偿金，一方起诉要求支付该补偿金的，人民法院不予支持；一方履行后反悔，主张返还已经支付的补偿金的，人民法院也不予支持。但如果有配偶者是一夫妻共同财产给付，合法配偶一侵害夫妻共同财产权为由起诉主张返还的除外。

［摘自《最高人民法院民法典婚姻家庭编司法解释（一）理解与适用》］

"那我就是遇到了这个例外情形了。"谭小姐的表情显得沮丧。

"看开一点儿，尽快从这段阴霾中走出来吧。"蔡新安慰着谭小姐。

"我跟了他两年多，他还是欺骗了我。"蔡新看到，谭小姐的眼角湿润了。

蔡新同情地说："您还年轻，朝前看吧。"

谭小姐叹了口气，说："最近，我的压力很大，我不愿意面对他，但工作中又不得不面对，我心里别扭，又没法向别人倾诉，我觉得我病了。"

蔡新沉思了下，对谭小姐说："送您一句话，需治愈者须自愈。"

谭小姐说："什么意思呢？"

"您的病需要治愈，但是没人能给您治疗，只能靠自己走出来，您懂吧？"

"我懂您的意思了。"谭小姐点了点头接着问，"还有件事，他给我买了一块手表，价值三万多元。我们俩分开，我需要归还吗？"

"从法律上来说，他赠与行为完成，是没法要回的。从您的表述中，能感觉到主管的收入应该不菲，从手表三万多元的价值来看，我认为不需要返还。"

谭小姐叹了口气说："行吧，跟他一回，我也没得到啥。"

蔡新说："对您来说，以后的路还很长，就当给自己的一个教训吧。"

谭小姐说："不瞒您说，我想过离开这个公司，离开他，但有些犹豫，您能帮我拿个主意吗？"

蔡新想了想说："大主意还得您自己拿，不过，我可以给您讲个故事。"

一只怀孕的母猴不小心掉进了一个很大的枯井里，母猴怎么尝试也爬不出去。好在井里长了很多草，让母猴不至于饿死。不久，母猴生下一只小猴。小猴生下后，也跟着母亲一起吃井里的草。

终于，母猴和小猴被别的猴子救了出来。小猴遗憾地对母猴说："妈妈，咱们上来了，这些好吃的草怎么办？"母猴叹了口气，对小猴说："你觉得草好吃，是因为你没吃过桃子。"

谭小姐说："我懂您的意思了，我应该忘却这段经历，并离开他，去寻找属于我自己的'桃子'。"

蔡新说："没错，您应该彻底从这段经历中走出来，去拥抱更好的未来，我再送您两句苏轼的诗，'人似秋鸿来有信，事如春梦了无痕'。"

　　"相忘于江湖吧！"小天插了一句。

　　"太感谢你们了！"谭小姐的眼角流出了眼泪。

第三章

婚约财产

有客户约蔡新见面，但不想来所里。

客户多，需求也多。有的客户喜欢约在咖啡厅见面，有的客户喜欢约在餐厅见面，边吃边聊。一次，一个女性客户想约蔡新到她家，为了避嫌，蔡新把对方约在麦当劳。

蔡新对卉卉说："客户不愿意来所里，你安排个近一点儿能聊天的地方。"

于是，卉卉跟客户联系，约在了S商场。

和客户见面的时间快到了。卉卉对蔡新说："蔡律，咱们该走啦！"

小天问："去干吗？"

卉卉笑着说："彩礼的案子。"

小天问："什么是彩礼？"

蔡新说："记住，以后会经常遇到的。"

·什么是彩礼·

彩礼，也称聘礼，在法律上称婚约财产，是以缔结婚姻为目的男方向女方或女方亲属给付的钱物，它属于附解除条件的赠与。

蔡新对卉卉说："你先去，我晚会儿到，手里有点儿材料没写完呢！"

卉卉答应完，先走了。

S商场是一家主营高端奢侈品的商场。有人形容，拿一百万元来这里，随便就能花出去，可能只是买一块手表、一枚戒指。

　　作为一个爱美的女孩儿，卉卉很喜欢逛这里，用她的话说，虽然买不起，看看总可以。

　　卉卉今天穿了一套职业装。披肩长发，身材高挑，看起来很干练也很漂亮。

　　来到S商场地下一层的一个开放式咖啡厅，卉卉坐下，先要了一杯咖啡。

　　突然，卉卉身边多了一个瘦高的男孩儿，绕着卉卉走了一圈，并对她说："美女，能跟您问个路吗？"

　　卉卉很诧异，这里是商场怎么还需要问路？

　　于是，卉卉扭头问："你想去哪里呢？"

　　男孩儿一脸坏笑地说："我想问的是，去您心里的路怎么走？"

　　卉卉不喜欢这种搭讪方式，她没说什么，只是一脸漠然地看着这个男孩儿。男孩儿显得很尴尬，他对卉卉说："我想加一下你的微信，美女。"

　　卉卉摇了摇头，没说话，男孩儿讪讪地离开了。

　　不一会儿，蔡新也到了。

　　蔡新问卉卉："客户还没到啊！"

　　卉卉说："看来这是个不守时的人。"

　　蔡新笑了笑，说："北京这地方，稍微堵一会儿，就会迟到。"

　　"您倒挺能体谅别人。"卉卉笑着说道。

　　闲聊着，卉卉把刚才那个男孩儿搭讪的事告诉了蔡新。

　　蔡新感慨地说："你们年轻人不得了，哪像我们当年，和女孩儿说话脸都红。"

　　窈窕淑女，君子好逑。对男孩子来说，遇到一个喜欢的女孩儿，敢于上前搭讪，也是一种勇气。蔡新想起自己上大学时，在前往学校的火车上，他遇到了一个和自己一样大的女孩儿，两个人在火车上聊了很久，感觉十分投缘。可是，直到下车，他也没好意思跟对方要一个地址或是电话。有时候，邂逅就像两条相交的直线，只有一次相逢的机会，一旦错过将永难再聚。

二

"蔡律师，实在不好意思，来得有点儿晚。"一个女孩儿走过来，和蔡新打招呼。

"罗小姐，您好！"蔡新站了起来。

卉卉也跟着蔡新站了起来打招呼。

罗小姐看起来很漂亮，长得十分娇小，虽然化着很浓的妆容，但一脸憔悴。她带了一个同伴，一个三十几岁的女人，个子很高，和罗小姐一样化了很浓的妆。

罗小姐坐下后点了点儿东西，然后把一份起诉书递给了蔡新。

蔡新边看起诉书，罗小姐边说自己的情况：

两年前，罗小姐认识了于先生。俩人以男女朋友身份交往半年后，开始同居。在此期间，于先生给罗小姐买了贵重的手表、名包，总价值十几万元，罗小姐还跟于先生见了一次他的父母。于先生的母亲很是大方，送给了罗小姐十八万元现金，之后于先生又给他买过一个钻戒。现在俩人分手了，于先生想要回这些物品和现金，罗小姐不同意，于先生就把罗小姐给起诉了。

蔡新问："你们交往的目的是结婚，对吧？"

罗小姐回答："一开始真的没有，我们俩住一起后才说起了结婚的事情。"

蔡新看到，原告于先生起诉的案由是"婚约财产纠纷"，于先生在起诉书中请求法院判决罗小姐返还赠与的名表、名包、钻戒和于先生母亲赠给罗小姐的十八万元现金，以及双方在同居期间，于先生给罗小姐的十万元现金。

听完罗小姐的讲述，卉卉心想，这位于先生还真是个有钱的主。

蔡新看完起诉书后，把起诉书递给卉卉。

跟罗小姐同行的女人，罗小姐称呼她"王姐"。王姐说："这个男人就是玩不起了，钱是他自己给的，还想着要回去。"

蔡新对罗小姐说："原告以'婚约财产纠纷'作为案由起诉，就是把赠与您的贵重物品和现金定义为彩礼了，您关心是否需要返还，那就要先了解彩礼返还的几种情形。"

· 彩礼返还的几种情形 ·

《民法典婚姻家庭编司法解释（一）》第五条规定，当事人请求返还按照习俗给付的彩礼的，如果查明属于以下情形，人民法院应当予以支持：

（一）双方未办理结婚登记手续；

（二）双方办理结婚登记手续但确未共同生活；

（三）婚前给付并导致给付人生活困难。

适用前款第二项、第三项的规定，应当以双方离婚为条件。

罗小姐问："他妈给我的钱算彩礼吗？"

蔡新说："从常理分析，他母亲再有钱，也不可能无缘无故赠与您这么多现金，所以法官大概率会认为它是彩礼；包和手表是他追求您时买的，并没有缔结婚姻的目的，您可以举证它不是彩礼；钻戒是在他母亲给钱之后买的，法官认为是彩礼的可能性也大。"

罗小姐问："不以结婚为目的的赠与就不用返还，对吗？"

蔡新说："可以这么理解，对方纯粹出于对您的爱慕，为了讨好您或者是为了和您同居，而对您作出的赠与是不用返还的。"

"法官会相信我吗？"罗小姐追问。

"这个要看证据了。"蔡新回答。

"还有那十万元，这个是怎么给您的呢？"卉卉问。

"其实没那么多，是他零零散散地转给我的，也有稍微大额的，大部分用在房租、吃饭、买衣服、出去玩啥的。"罗小姐放下咖啡杯，轻描淡写地说道。

"都用在你们的共同开销上，对吗？"蔡新追问。

罗小姐说："我过生日时，他给我转过 9999 元，也在这里。"

蔡新问："这笔转账有附言吗？"

"有的，这笔钱是微信转的，附言是：亲爱的，生日快乐。"

蔡新回答说："应该不需要返还。"

·恋爱期间特殊意义赠与是否需要返还·

恋爱期间或婚约关系存续期间，男女双方互赠未超过合理范围的财物应认定为一般赠与，该部分赠与一旦将财物交付，赠与合同即成立并生效，非因法定情形赠与人不得撤销赠与而要求受赠人返还赠与的财产；对于金额较大，明显超过双方交往期间正常开支范畴的部分馈赠，不同于一般的财物赠与，双方虽在成立赠与合同当时没有明示，但双方都明白大额度财物的馈赠行为暗含了双方将来缔结婚姻或共同生活的美好愿望，这一愿望是双方当事人成立该赠与法律关系的目的，双方缔结婚姻或共同生活是一种将来可能发生的不确定的事实，即双方的赠与合同实际上附了解除条件，自条件成就（双方不能缔结婚姻或共同生活）时赠与合同失效，受赠人应向赠与人返还赠与的财产。

[摘自（2023）苏02民终2119号判决]

"您再仔细想想，没有别的费用了吗？"卉卉一边记录，一边提问。

罗小姐说："还有房租，在微信中我们说了这钱用在哪了。"

王姐喝了一口咖啡，问："手表和包不用给他吗？"

蔡新说："还是要看证据的。"

"买包的证据，微信记录倒是有。"罗小姐把手机递给了蔡新。

蔡新看微信上写着：哥哥，谢谢你赠给我的包包。并附了一个爱心的表情。

"这个可以作为证据使用。"蔡新点点头。

王姐又问："这官司能赢吗？"

蔡新笑了，对王姐说："诉讼肯定有风险，我们能做的就是找出有利证据，提出法律依据，对案件结果不能保证。"

卉卉说："刚才蔡律给你们分析了哪些证据对罗小姐有利，不能保证的原因在于，法庭上有很多不可预测性因素，包括对方的证据，还包括法官对事实的认定和法律的理解。"

罗小姐迟疑了一下，看着蔡新说："蔡律师，我还有个事没跟您说。"

蔡新说："跟案情有关的事实都要说，我好帮着您分析呀！"

罗小姐说："我们同居时，我还怀孕了一次，当时没打算要孩子就做了人流手术。"

王姐很生气："你说你，你怀孕这事我都不知道！"

"我不是怕你骂我嘛！"罗小姐显得很委屈。

蔡新说："这个事实非常重要，你们一起同居，并且您怀孕流产，说明您在同居过程中身体受到损伤。我们可以请求法院判决对方承担一定经济责任。还有，在您怀孕或者流产过程中，他给过您哪些承诺吗？"

"钻戒就是流产后给我买的，他还安慰我，说等我身体好了就跟我结婚。"

卉卉问："那钻戒到底是给您怀孕流产的补偿，还是以结婚为目的的彩礼呢？"

"肯定是补偿，他在微信上说：你受苦了，我给你买了个钻戒，给你个惊喜。"

蔡新说："这个证据可以用。对了，你们在一起多久了？"

"我们俩从认识到分手，不到两年的时间。"罗小姐答完露出一种怅然若失的表情。蔡新觉得，罗小姐对结束这段感情非常惋惜。

卉卉又问："谁提出分手的？"

"他先提出的。"罗小姐回答得很不情愿。

蔡新说："基本情况了解了，有些证据是对您有利的。"

罗小姐舒了一口气说："是吗，那太好了。"

几个人聊了一会儿后，罗小姐又问了一个问题："如果说他给我的钱和礼物是婚约财产，那么是不是说，他主动离开我，就是违约了呢？如果是违约，那违约金是不是应该补偿给我？"

蔡新想了想，笑着说："这是个好问题，也很深刻。从合同法角度说，双方订立了婚约，就应该视为合同订立，不履行结婚的义务，确实应该承担违约责任。但是，缔结婚姻本身带有人身性质，是不能强迫的。"

"法律对婚约并不赋予强制执行力。"卉卉补充了一句。

"好吧，那我明白了。"罗小姐一脸委屈地说道。

最后，蔡新站起身来，对罗小姐说："您考虑一下，如果委托我们代理您的案子，得去所里办个委托手续。"

罗小姐说："我们现在就去，我就定下来委托您了。"

"蔡律师、陈律师，你们可一定要多操心啊！"王姐显得有些不放心。

"放心吧，我们会认真应对的。"卉卉爽快地回答。罗小姐同意委托这个案子让卉卉很开心，一时间，她觉得王姐也不那么烦人了。

三

倩倩问范团："你爱我吗？"

范团点点头说："我当然爱你呀！"

倩倩说："你要真心爱我，咱们先把婚事定下来吧。"

范团问："你说的是订婚吗？"

倩倩说："对啊，你得跟我回一趟老家，按照我们村里传统，准备一些彩礼。"

"怎么还要彩礼呀，多俗气。"范团摇了摇头。

"唉，你哪里都好，就是文化水平不高。我给你讲讲彩礼吧！在中国古代，彩礼被叫作聘礼，古代娶妻分为纳采、问名、纳吉、纳征、请期、亲迎，其中的'纳征'就是男方给女方下聘礼。"倩倩耐心地解释道。

"原来是这样啊！"范团恍然大悟。

倩倩显然之前做足了功课，继续解释道："我再给你讲个故事。"

古代一个女诗人，经媒妁之言许给一大户人家，因为男方没有践行娶妻礼节，也没有下聘礼，所以她坚守节操义理，拒绝迎娶。她对男方说："即使你把我送上公堂，强迫娶我，我也坚决不依从。"最后，她直到老也没有嫁人。后来她成了持操妇道的典范，被后人赞颂。

范团诚实地说："这个故事我真没看过。"

"男人还是要多读书，这个故事出自《韩诗外传》里的'守节贞理'，你去买本书看看，省得说我骗你。"

"怎么会呢，咱俩将来要过一辈子的，我相信你。不过，我不理解，她不嫁这个男人，还可以嫁给别人，东方不亮西方亮嘛！"

倩倩郑重地说："你错了，她和男方已经订了婚约，只是因为没有聘礼才没有进男方家门，有婚约在身，不能再嫁给别人。所以对她来说，不嫁人也是守约。"

"哦，看来她很有契约精神。"范团点了点头。

"当然，要不她怎么能被后人传颂呢！"

"我拿多少彩礼合适呢？"范团问倩倩。

"至少也要十万元。"倩倩回答。

"彩礼的事我得跟我妈说，因为我的钱不够。"

"那你跟咱妈要吧，我们村嫁闺女都有彩礼，要不我父母在村里会很没面子的。"

"入乡随俗吧！娶你们村的姑娘，就按照你们村的规矩来。"范团表示同意。

"你真乖！"倩倩露出满意的笑容。

四

倩倩和范团约定好，俩人先去倩倩家，把彩礼交给倩倩父母，等范团到了结婚年龄，再把倩倩父母接到北京和范团父母见面，然后两人领证结婚。

对美好婚姻生活的憧憬让人激动，范团一想到以后的幸福日子就开心得不得了。

范团和倩倩跟单位请了假，一同回到倩倩的老家。

倩倩的老家在一个边远农村，路途遥远。两人坐了一天的火车，又坐了一辆大巴走了很远的山路，才到了倩倩的家。

倩倩的家可以说依山傍水，背靠着青山，不远处就是一条小河。在北京生活久了的范团，到了农村感觉哪里都新鲜。他对倩倩说："这里真好，咱们以后就回这里生活吧。"

倩倩笑着说："让你待一年，你就不这么说了。"

倩倩的家还是很宽敞的，三间大砖房，一个大院子。倩倩父母看起来很朴实，他们见到范团后，一直夸这小伙子不错。夸得范团很不好意思。

倩倩的哥哥虽然跟范团借过钱，但跟范团也是第一次见面。范团端详了他，个子不高，瘦瘦的身材，显得很精明。

由于是北京来的准姑爷，倩倩的父母很重视。当天晚上就准备了一桌子好菜，还叫了几个叔叔来陪范团。几个叔叔很热情，轮流找范团喝酒，把范团喝得迷迷糊糊。

按照当地的风俗，范团准备好十万元现金，作为彩礼，准备给倩倩父母。但现金被倩倩给了自己的哥哥。

范团很不解，问倩倩："彩礼不是应该给你父母吗？怎么给你哥哥呢？"

倩倩嗔怪范团："给就给啦，还管给谁，再说了，我哥哥做生意急着用钱嘛。"

范团没说话，但心里一阵不舒服。

在倩倩家待了几天后，俩人回了北京。

回北京后，倩倩又要求范团把房子过户到范团名下，再加上她的名字。

"倩倩，我跟你说了，等咱们结婚有了孩子，肯定加上你的名字。"范团显得很无奈。

"我哥跟我说了，你要是真心对我，肯定能做到这一点。"倩倩的语气倒是很坚决。

范团叹了口气，没说话。

自此，两人经常为房产过户的事争吵。

感情经不起吵闹，岁月经不起折腾。范团感觉到，他跟倩倩不像从前了，距离越拉越大，他想努力改善二人的关系却又无能为力。倩倩对他不冷不热的，让他无所适从。

范团忽然想起上大学时的一件事，有个失恋的同学叼着烟问他："爱情嘛，就像在雨中散步，走着走着，你猜怎么样？"

"雨停了呗！"范团随口回答。

"不，是爱情走丢了。"同学落寞地说道。

五

每个律师可能都会有这种感觉，不知不觉间就成了亲戚、熟人乃至不怎么认识的人的法律咨询平台。

蔡新接到一个电话，自称是他的一个远房亲戚的朋友。听完他的介绍，蔡新不禁苦笑，我的影响力够大呀！

电话里的人热情地说："蔡哥，您叫我小张就行，下次您回来给我打电话，我好好招待您！"

"没问题的，小张。赶紧说事，看我能不能帮到你。"

"蔡哥，我和老婆是在网上认识的，认识两个月后结婚，结婚半年又离婚了，结婚前我给了她六万元彩礼，现在想要回来。"

"那你们算是闪婚了。"蔡新想，认识俩月就结婚，这也太快了。

小张自豪地说："我们在网上认识的，见面了感觉还不错。她对我说，她个子矮，身材不好。我对她说，自己不帅，也没钱。她说，咱们倒是蛮般配。我说，不在一起真浪费！"

"于是，你们就在一起了？"蔡新很诧异。

小张说："对呀，我们就在一起了。"

"那你们离婚是什么原因呢？"蔡新想，两个人这么投缘，不应该离婚这么快呀。

"唉，虽说闪婚好，可惜了解少。她跟我结婚后，不关心我不说，还出轨了。"

蔡新说："那你说下原因吧。"

"结婚后，她就不怎么上班了，也不给我做饭，还喜欢出去打麻将。我就想试探她是不是关心我，于是就在家装病。没想到，从早到晚，她一直在外面打麻将，也不回来看看我。后来，夜也深了，我的心也凉了。"

蔡新问："那她怎么出轨的呢？"

"一次，她回家很晚，还喝多了，我翻看了她的手机，原来她跟她的前任男友去了宾馆。早上我问她，她承认了，说前任男友是她的初恋。我当时很生气，也很伤心，就哭了，结果她还安慰我说，不是你不好，而是初恋忘不了！"

"那谁提的离婚呢？"蔡新追问。

"是我提的离婚，她同意了。她说，天下没有不散的筵席，人生也是聚了再离。"

蔡新暗自叹口气，有些人离婚是因为彼此不合适，但有些人离婚却是因为对婚姻没准备好。

蔡新想了想，问他："彩礼的钱，对方承认吗？"

"她承认，但不想给我。她还问我，到嘴的肥肉，想让我吐出去，你觉得可能吗？"

"她真的这么说的？"

"当然，就这么说的。"

蔡新感觉，小张这位前妻的思维有点儿奇葩。

"那你们是协议离婚的吧？"蔡新又问。

"对，协议离婚的，我们也没什么财产，除了我给她的几万元彩礼。"

"那我听明白了，我来给你分析下。"

·接受彩礼方出现背叛行为，彩礼能返还吗·

民法典规定，从事民事活动不得违背公序良俗，夫妻之间有忠实义务。如果婚姻一方出现背叛行为，说明违反了公序良俗原则和忠实义务，彩礼作为种附解除条件的婚约财产，可以要求对方返还。

结婚前给付彩礼的，必须以离婚为前提，人民法院才能考虑支持给付人的返还请求。

[摘自《最高人民法院民法典婚姻家庭编司法解释（一）理解与适用》]

"那就是说，我可以要回来对吧，蔡哥！"

"首先，你要有足够的证据；其次，全部要回来可能性不大，因为你们已经结婚了。"

"她说，好汉做事好汉当，出轨的事没啥不能承认的。这能算证据吗？"

"当然了，自认也是证据。既然协商不了，你就诉讼吧。"

"对了，蔡哥，她在结婚前还跟我借了一万元钱，这个我能要回来吗？"

"怎么证明这笔钱是你借给她的呢？她本人承认吗？"

"有六千元钱是她口头借的，我就从微信转给她了。另外四千元，她只是在微信中对我说，有事用钱，让我转给她几千元钱。我就转给了她四千元钱，并回复：转给你了宝贝。离婚的时候我跟她要，她说，钱财都是身外之物，她不记得了。"

"这不好定性，你在恋爱期间把钱转给了对方，并没有明确是借钱还是赠与，并且你的语境感觉像赠与。"听完小张说的，蔡新有点儿想笑。

"那这一万元钱，我岂不是打水漂了。"

"看开吧，毕竟婚姻一场。以后借给别人钱，留好证据就是了。"

"行，我听您的，这事就算了。那您啥时候回老家，咱哥儿俩聚一聚。"

"现在太忙，等有时间我就回去看看。"蔡新笑了，这个小张虽然热情得过头，但是人不错。

"蔡哥，您现在应该回来，庄稼都长起来了，满山的花可漂亮了。"

在小张的描绘中，蔡新脑海中浮现出一幅生机勃勃的画面：一望无垠的庄稼，路边的野花，还有那些跳跃的小蚂蚱。这些美好的回忆都曾经给蔡新带来无尽的欢乐。

一时间，蔡新特别想念自己的父母和老家。

六

倩倩搬出了范团的房子。

范团给倩倩打电话，希望她回来，两人重归于好。倩倩不同意，说除非在房产证上写上她的名字。

"不在一起也行，把彩礼还我吧！"范团显得很生气。

"彩礼不能给你，同居这么久了，就当对我的补偿了。"

范团特别郁闷，心想，恋人做不成，就一定要成为仇人吗？他不知道，爱恨只在一瞬间，是可以相互转化的。

范团给蔡新打了个电话，说了他跟倩倩要彩礼，倩倩不给的事。蔡新说："要不来所里吧，咱们见面聊。"

"太好了叔叔，我这就过去找您。"

范团拎着两袋子水果到了所里，小天最先看到范团进来，笑眯眯地说："来就来呗，还拎东西。"

蔡新对范团说："下去再买东西，啥都不告诉你了。"

范团嘿嘿笑了，没有说话。

蔡新对卉卉和小天说："这会儿不忙，咱们跟范团一起聊吧。"

洽谈室里，范团说了倩倩不想返还彩礼一事。

蔡新对卉卉说："卉卉，你来回答吧。"

卉卉知道蔡新想锻炼自己，于是问范团："你们在一起同居多久啦？"

"不到五个月吧。"范团诚实地回答。

卉卉说："彩礼以结婚为目的，结婚不成，当然可以要回来。但能要回多少，要看具体情况，比如说你们同居时间，倩倩是否未婚先孕。"

范团紧张地说："她真的没怀孕。"

小天笑了，看着窘迫的范团说："陈律的意思是彩礼能要回来，如果倩倩怀孕，可能就没法全部要回来了。"

范团问："彩礼被倩倩给了她哥哥，我起诉的话，谁是被告呢？"

卉卉说："从合同相对性来说，你和倩倩是彩礼的当事人，你还是应该起诉倩倩。"

小天问卉卉："他起诉倩倩哥哥不行吗？"

卉卉说："给彩礼的目的是结婚，倩倩收到彩礼给到她哥哥，应该视为倩倩对她哥哥的赠与。范团和倩倩哥哥不产生直接合同关系呀！"

小天说："我觉得是这样的，范团如果把彩礼交给倩倩，倩倩转身给了哥哥，说：'哥，这钱你花着吧！'那就只能起诉倩倩；如果范团把彩礼直接给了倩倩哥哥，说：'哥哥，您拿着吧，如果我们不结婚，那你可要还我哟。'这样就可以起诉倩倩哥哥了。"

卉卉说："你说的不也是只能起诉倩倩嘛，除非跟倩倩哥哥签个协议。"

小天说："范团可以录个视频嘛！"

卉卉说："你说的不现实，给彩礼还录视频，人家女方怎么想？"

看到小天和卉卉激烈讨论，蔡新说："可以把倩倩和倩倩哥哥作为共同被告。"

·彩礼纠纷当事人包括哪些·

在实际生活中，彩礼的给付人和接收人并非仅限于男女双方，还可能包括男女双方的父母和亲属，这些人均可以成为返还彩礼诉讼的当事人。

[摘自《最高人民法院民法典婚姻家庭编司法解释（一）理解与适用》]

卉卉说："蔡律的解释我觉得很有道理。"

小天说："姜还是老的辣。"

卉卉说："说明蔡律过的桥多。"

蔡新叹了口气说："过的桥多，说明还是老了。"

"您不老，即使老也是人老心不老。"小天安慰了蔡新。

"怎么听你的话这么别扭呢！"蔡新表示抗议。

卉卉说："对了，蔡律，范团的彩礼如果给了倩倩，俩人也结婚了，那这彩礼是夫妻共同财产还是倩倩个人财产呢？"

蔡新反问："你们的看法呢？"

鼓励年轻人，让年轻人成长，蔡新觉得这是自己应该做的。一有机会，他就刻意让卉卉和小天多锻炼。

小天说："应该是夫妻共同财产，您想啊，俩人结婚了，妻子把彩礼存起来，本来是老公的钱，结果呢，跟老公一点儿关系都没有了，这样不好吧！"

卉卉说："我也觉得是夫妻共同财产。"

蔡新说："错了，应该是妻子的个人财产。"

小天问："理由呢？"

蔡新说："咱们拿范团这事儿来举例，如果彩礼属于夫妻共同财产，那俩人结婚后，范团是不是可以向他大舅哥要回呢？"

"这样就影响感情了，有道理。"卉卉表示赞成。

·彩礼是否属于夫妻共同财产·

《民法典》第一千零六十三条第三项规定，下列财产为夫妻一方的个人财产：遗嘱或者赠与合同中确定只归一方的财产。作为彩礼，一般都是婚前发生的赠与行为，在没有约定的情形下，属于接受彩礼一方的个人财产。

蔡新说:"在农村,男方把彩礼给女方父母的情况比较多,如果把彩礼视为夫妻共同财产,就会产生矛盾。所以说,把彩礼作为女方的个人财产更合适。"

卉卉说:"非常有道理。"

蔡新笑着对范团说:"你还是再跟倩倩沟通一下,解决不了再起诉吧。"

小天说:"蔡律说得对,先礼后兵。"

范团说:"那我明白了。"

七

卉卉接到了父亲的电话。

卉卉知道,父亲每次打电话就那么几句话:"闺女,钱够不够花?不够跟爸要,别不好意思。"

卉卉父亲的想法是,穷养儿富养女,不能让闺女缺钱。所以,卉卉从小到大,日子一直比较宽裕。从这点来说,卉卉很知足。

卉卉先说了句:"爸,我不缺钱,等我实习完,该赚钱给您花了。"

"闺女呀,这次爸爸真不是问你缺不缺钱的事,而是要向你咨询。"

"咨询啥?"父亲郑重其事地跟自己请教问题,这对卉卉来说还是头一遭。

"你四姑父的姐夫的二舅遇到点儿事,你得叫他二舅爷,他知道你是律师,托我问你呢!"

"爸爸,这亲戚真不远哈!"卉卉调侃道。她从电话里能感觉到,自己做了律师,父亲很自豪。

父亲告诉了卉卉事情的经过:

二舅爷七十岁了,在农村找了一个老太太。俩人也没办手续,就在一起过日子。过了俩月，老太太要离开，二舅爷极力挽留，但老太太说，不让我走可以，除非给我五万元钱。二舅爷在农村节俭一辈子，手里攒了点儿钱，于是就答应了老太太。

二舅爷对老太太说："我把钱给你，咱们去领结婚证，好不好？"老太太说："你给我钱，我就跟你去领证，以后生是你的人，死也是你的人。"

二舅爷感动得不行，就去信用社取了六万现金，买了个金手镯，连同五万元钱一起交给老太太。老太太于是跟他办了结婚证，可没几天，老太太突然不辞而别。

听到这里，卉卉心里不禁感慨，老年人再婚不容易，要担心的东西更多。她看过一个电视相亲节目，一个老年阿姨相亲时对老大爷说，你给我二十万元，我就好好跟你过日子！她当时还想，如果老大爷给了这个阿姨二十万元，俩人真能白头偕老吗？

卉卉父亲说："闺女，你帮分析下，这个钱能要回来吗？"

卉卉问："这五万元钱有证据吗？"

"有，小勇，也就是你二舅爷的儿子，给老太太打过电话，还录音了。老太太说，你爸自愿给我的，你凭啥要回去。小勇把这事告诉你二舅爷，给你二舅爷气病了。"

"这二舅爷啊，人真的实在！"卉卉不禁感慨，卉卉回忆起小时候，好像还去过他家，他还下河给自己抓鱼吃。

"可不咋的，他在农村待了一辈子，朴实得要命，老了还让人骗了。"

卉卉说："二舅爷给老太太钱，是想结婚过日子。虽然老太太跟二舅爷结婚了，但是没在一起住，人就走了，结婚目的并没达到，所以，能要回来这钱的。"

"那得起诉吧，闺女。"

"肯定要起诉。"

· 结婚后未共同生活，彩礼是否需要返还 ·

　　《民法典婚姻家庭编司法解释（一）》第五条规定，当事人请求返还按照习俗给付的彩礼的，如果查明属于以下情形，人民法院应当予以支持：（一）双方未办理结婚登记手续；（二）双方办理结婚登记手续但确未共同生活；（三）婚前给付并导致给付人生活困难。

　　卉卉父亲又问："那买的金手镯能要回来吗？"

　　卉卉说："二舅爷买手镯和给现金的目的都是结婚，这种有特殊性质的赠与，属于彩礼，可以要回来。"

　　"闺女，你真是太棒了，解释得头头是道！"

　　"嘿嘿，你闺女厉害吧？"作为女儿，卉卉不经意间就会在父亲面前撒娇。

　　"当然厉害了，对了，你钱够花吗？"

　　"又来了，我没钱会跟你要的。"卉卉觉得父亲表达爱的方式虽然简单，但是真实又伟大。

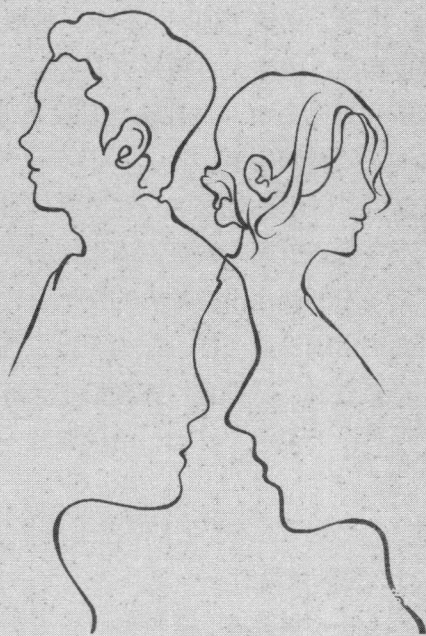

第四章　婚姻效力

一

　　蔡新坐地铁去上班。在地铁里，他看见旁边一个女孩儿抽抽搭搭地哭。旁边一个女孩儿不但递给她一包纸巾，还陪她聊了一路。蔡新想，这就是来自陌生人的温暖吧。

　　这让他想起自己上大学时，母亲生病可他却因为要考试回不去，急得在校外的一个栏杆上趴着哭。一个中年大哥走过来，掏出一支烟，点燃，递给了他："兄弟，抽根烟吧，没啥过不去的坎。"蔡新接过烟后，中年大哥转身离开。

　　蔡新一到办公室，卉卉就赶紧过来跟他说："蔡律，有个客户想来咨询无效婚姻的事。"

　　蔡新说："那你就跟客户约下具体时间吧。"

　　小天在旁边听俩人说话，凑过来问卉卉："什么是无效婚姻？"

　　"无效婚姻就是没有效力的婚姻呗！"卉卉撇了撇嘴。

　　"你这话跟没说一样。"小天瞪了卉卉一眼。

　　蔡新笑着说："卉卉，好好给小天解释解释。"

　　卉卉对小天说："好吧，给你普及一下知识。"

　　·什么是无效婚姻·

　　无效婚姻是因欠缺婚姻的成立条件，不具有法律效力的婚姻。《民法典》第一千零五十一条规定，"有下列情形之一的，婚姻无效：（一）重婚；（二）有禁止结婚的亲属关系；（三）未到法定婚龄。"

"还有一点，无效婚姻的诉讼属于确认之诉，只有法院才有权确认。"蔡新在旁边补充了一句。

小天嘿嘿一笑，说："我其实学过无效婚姻的，只是想考考陈大律的法律知识而已。"

"切，一瓶子不满半瓶子晃荡，还考我呢！"

小天挠了挠脑袋说："我确实有个问题：有一对夫妻，丈夫死了，妻子正准备继承遗产，没想到的是，丈夫的母亲到法院起诉他们的婚姻无效。法院经过调查，他们确实是无效婚姻，那她还有权利继承吗？"

卉卉说："婚姻都无效，何谈继承。"

蔡新说："卉卉，谁有权请求法院确认婚姻无效呢？"

卉卉笑着说："又来考我，这个我还是有印象的。"

·请求确认婚姻无效的主体·

《民法典婚姻家庭编司法解释（一）》第九条规定，有权依据民法典第一千零五十一条规定向人民法院就已办理结婚登记的婚姻请求确认婚姻无效的主体，包括婚姻当事人及利害关系人。其中，利害关系人包括：（一）以重婚为由的，为当事人的近亲属及基层组织；（二）以未到法定婚龄为由的，为未到法定婚龄者的近亲属；（三）以有禁止结婚的亲属关系为由的，为当事人的近亲属。

蔡新说："回答得不错。婚姻无效的法律问题很重要，我给你们举几个例子吧。"

"太好了，蔡律。"小天站起来鼓掌。

蔡新问他俩："我这个例子呢，应该有个主人公，叫什么名字呢？"

卉卉说："就叫小天吧，朗朗上口，容易记住。"

蔡新问小天："小天，你的意见呢？"

小天大方地说："没问题，名字也不是我的专利，再说，就当为法律事业做贡献了。"

蔡新笑着说："太感人了，那我就开始了。"

小天不到十八岁时，村里的小敏嫁给了他。因为两个人都不到法定婚龄，双方的父母就弄了两个假身份证，给他们办了结婚证。婚后，有了儿子小小天。几年以后，小天和小敏因感情问题分开。之后小天外出打工，一直没有回家。十年后，小天在外面认识了李大姐，就和李大姐登记结婚。

蔡新问："这个小天，是否构成重婚罪呢？"

卉卉说："小天和小敏没离婚，又跟李大姐结了婚，肯定构成重婚罪。"

小天说："我也觉得小天构成重婚罪。"

"这个小天太没责任心了，也不回家看看自己的儿子。"卉卉表达了自己的观点。

蔡新说："无论小天和小敏生活多久，无论周围人是否认为他们是夫妻，他们也不可能成为法律意义上的夫妻。"

小天说："他们可是办了结婚证的呀！"

蔡新说："虽说办了结婚证，可他们用的是假身份证，也就是说，他们虚构了年龄，虚构了身份，且当时小天未到法定婚龄，他们的婚姻登记并不具备法律效力。但小天跟李大姐的婚姻不一样，结婚手续完全合法。"

卉卉说："对呀，确实是这么回事。"

小天说："唉，这个弯儿我没绕过来呀！"

卉卉笑着说："不会就是不会，找什么理由，罚你给我倒杯水去。"

二

有人说，当你喜欢听老歌了，就说明你不再年轻。

蔡新喜欢听摇滚音乐，尤其喜欢崔健的歌曲。在办公室没事就戴着耳机，一边哼着崔健的《一无所有》一边看自己写的起诉书。

卉卉端着水杯，拍了一下蔡新的肩膀："蔡律，我发现您一个优点。"

"说说看。"蔡新摘下耳机，饶有兴趣地说。

卉卉说："我发现您有一颗年轻的心，和实际年龄不符的年轻的心。"

蔡新笑着说："这话我爱听，生理年龄改变不了，心理年龄却可以保持青春。"

小天也凑过来说："蔡律长得也很年轻啊！"

蔡新开心地说："你们俩组团忽悠我，不过呢，奖励杯奶茶吧！"

小天对卉卉眨眨眼说："看来，还得多夸奖蔡律啊。"

卉卉点头笑道："可不嘛，以后咱俩轮班夸！"

蔡新笑了笑，拿起手机点了奶茶。

小天对蔡新说："蔡律，咱们昨天说了重婚，今天说下'不能结婚的亲属关系'吧！"

"好啊，我先给你们举个例子。"蔡新说。

小天和表妹小敏青梅竹马，两小无猜。俩人刚到法定婚龄就结婚了。一直暗恋小天的翠花看到小天和小敏如此恩爱，恼羞成怒，于是向法院提起了确认婚姻无效之诉。

蔡新问："你们认为，翠花属于适格原告吗？"

小天抢着说："不属于，她并不是适格原告。"

卉卉附和道："我同意。还有，小天和小敏就是属于不能结婚的亲属关系。"

蔡新肯定道："你们说得对，我再举个例子。"

小天和表妹小敏结婚了。过了三年，俩人互相看对方不顺眼。于是，小天向法院起诉离婚，而小敏却请求法院宣告她和小天的婚姻无效。

"你们觉得，法院应该怎么处理呢？"蔡新问道。

"俩人协议离婚得了，反正都不想过了。"小天表示不解。

卉卉批评道："探讨法律知识，就要分析可能发生的各种情形，这是你说的，你忘了？"

小天说："我觉得呢，法院应该按照离婚纠纷来处理。"

卉卉说："你回答错误，法院应该先受理无效婚姻之诉。"

·婚姻无效和离婚请求的优先权·

《民法典婚姻家庭编司法解释（一）》第十三条规定，人民法院就同一婚姻关系分别受理了离婚和请求确认婚姻无效案件的，对于离婚案件的审理，应当待请求确认婚姻无效案件作出判决后进行。

蔡新说："卉卉回答得对。"

小天请教道："我对这个答案有些不理解。"

蔡新说："你想，离婚案件的审理，应该以合法有效的婚姻存在为前提呀。"

小天又问："那无效婚姻之诉可以撤诉吗？"

卉卉说："不可以撤诉，因为无效婚姻不具备婚姻的成立要件，法院是要依法宣告解除的。"

蔡新点点头说："卉卉说得对，不可以撤诉。"

· 无效婚姻可否撤诉 ·

《民法典婚姻家庭编司法解释（一）》第十一条第一款、第二款规定，人民法院受理请求确认婚姻无效案件后，原告申请撤诉的，不予准许。对婚姻效力的审理不适用调解，应当依法作出判决。

卉卉问："对了蔡律，婚姻无效的案件，当事人能上诉吗？"

蔡新说："婚姻无效案件，在《民法典》出台以后，已经改为普通程序了，所以，它是可以上诉的。"

小天问："在无效婚姻中，财产怎么处理呢？"

卉卉说："协议处理，协议不成，按照无过错原则判决。"

· 无效婚姻或被撤销婚姻的财产处理 ·

《民法典》第一千零五十四条规定："无效的或者被撤销的婚姻自始没有法律约束力，当事人不具有夫妻的权利和义务。同居期间所得的财产，由当事人协议处理；协议不成的，由人民法院根据照顾无过错方的原则判决。"

"感谢两位大律师的分享。"小天嘿嘿一笑。

卉卉说："以后表现好点儿，我们可以多教教你。"

蔡新问："奶茶到了，谁受累跑楼下拿一趟啊？"

小天说："当然是我了，怎么能让女士跑呢。"

卉卉笑着说："小天蛮有绅士风度嘛！"

三

下班了，卉卉坐完地铁又倒公交车，用了约一个小时的时间才到家。

卉卉的房子是租的，五环边一套三居室中的一间次卧。在北京、上海这样大城市工作过的人都知道，一个小时上下班不算远。很多居住在河北、天津的，在两个城市间来回穿梭，上下班单程就要两个多小时。

住得远，租房成本就低，居住条件也能好些，有得有失。

卉卉不愿意坐地铁，因为上下班高峰期太拥挤了，尤其地铁上的咸猪手让卉卉无法忍受。开始的时候，卉卉遇到猥琐男人贴近自己只是默默远离，但躲闪不是办法，于是，她选择直面。一次，一个咸猪手碰她时，她抬起穿着高跟鞋的脚，照着那个男的脚上踩了一脚。那个男人疼得脸色惨白，但没敢声张，所谓做贼心虚就是这样。

跟卉卉合租的也是两个女生，辉姐和欢欢。辉姐做中医养生的，经济条件比卉卉和欢欢明显要好，租了主卧，卉卉和欢欢租了次卧。

辉姐告诉卉卉，她之前和老公在山西一个县城开小超市，因为老公家暴，她就一个人跑来北京，现在跟老公长期分居，俩人有一个儿子，在老家读书。

欢欢在房地产公司做文员，性格很好，和人说话也是先笑了再说。欢欢的收入不高，人也很节约，她经常回家做饭，早饭也是自己做，为的是能省一点儿。她交了一个男朋友，是名程序员，长得高高瘦瘦的，戴着眼镜，卉卉也见过。

回到家，卉卉感觉很累，简单洗漱下就上床休息了。人往往就是这样，忙碌过后才觉得疲惫。

躺在床上，卉卉突然想起一个问题，女人不结婚是不是更好呢？单身生活简单随意，也不会因为产生矛盾而拌嘴，还不用在意对方的想法。但问题是，一旦有了烦恼，身边连个诉说的人都没有。想着想着，卉卉不知不觉地睡着了。

卉卉的房间虽小，但收拾得很整洁。一个竹木书柜，里面满柜子的书，旁边的桌子上有卉卉喜欢的正义女神忒弥斯的雕像和几个玩偶。墙上还贴了两幅别人送的字画。

突然，有人敲门，卉卉被惊醒，不情愿地打开了门。卉卉睁开惺忪的睡眼一看，是一个瘦瘦的女人，穿着一袭白色长裙，化着淡妆。看到这个女人，卉卉笑了，原来是合租的辉姐。

"您今天怎么回来得这么早？"卉卉很惊讶，因为辉姐做养生方面的工作一般很晚才回家。

"姐姐遇到事了，妹妹你得帮我。"辉姐的语气显得很急切。

"您别客气，进来说。"卉卉把辉姐请进了自己的房间。辉姐坐在了床边椅子上，卉卉坐在床上。

辉姐坐下后，向卉卉倾诉了自己的遭遇。

辉姐和丈夫王伟十五年前结婚，婚后因为丈夫家暴、赌博等陋习，导致俩人感情破裂，于是他们开始长期分居。最开始两年，王伟找过辉姐，说要和辉姐离婚，但辉姐一直没答应，之后离婚的事不了了之。最近，辉姐听说王伟和别人登记结婚三年多了。王伟正和他现在的妻子进行诉讼离婚。

辉姐问："在我们没离婚的情况下，他又和别人结婚，这算重婚罪吗？"

卉卉说："如果确实是这样，王伟肯定构成重婚罪了。和他结婚的女人如果知情，那她也构成重婚罪。"

辉姐问："我能到法院告他吧？"

卉卉说："当然可以，您可以提起自诉。"

·重婚受害人的法律救济手段·

1. 受害人可以提起自诉或者向公安机关进行控告。《刑法》第二百五十八条规定，有配偶而重婚的，或者明知他人有配偶而与之结婚的，处二年以下有期徒刑或者拘役。

2. 受害人可以提起离婚诉讼，并要求重婚者承担赔偿责任。《民法典》第一千零九十一条规定，有下列情形之一，导致离婚的，无过错方有权请求损害赔偿：（一）重婚……

辉姐问："这他得进监狱吧？"

"《中华人民共和国刑法》第二百五十八条规定，有配偶而重婚的，或者明知他人有配偶而与之结婚的，处二年以下有期徒刑或者拘役。"卉卉直接引用了法条。

辉姐说："妹妹，虽然我们分居这么久了，但我不希望他进监狱，因为担心我儿子将来考学、参军、考公受影响。我关心的是，他和现在的老婆分割财产，他的钱有没有我的份儿？"

卉卉说："从法律上说，您现在赚的每一分钱，他赚的每一分钱，都是夫妻共同财产。"

辉姐说："那我懂了，因为我们还是合法夫妻。"

"我纳闷的是，你们分居这么久，为啥一直没离婚呢？"卉卉表示出疑问。

辉姐说："当初是我拖着他，不跟他办离婚手续，他可能觉得我不同意，这婚就离不了，所以造成这种情况。他一直没给过孩子抚养费，我也没跟他要过。"

卉卉想起毕业时，很多同学抱怨学法律的太多，导致不好找工作。卉卉想，从辉姐的例子看，学法的不是太多，而是太少，如果大家都懂法，违法的就少，社会矛盾也就少了。

"卉卉，你刚才说王伟的财产我有份儿，那他们在一起住了那么久，他们的财产怎么算呢？"

"王伟跟别人结婚属于无效婚姻，那么他们的关系就是同居关系，同居期间的财产，要按照共同共有原则处理。"

· 无效婚姻或被撤销的婚姻财产处理 ·

《民法典婚姻家庭编司法解释（一）》第二十二条规定，被确认无效或者被撤销的婚姻，当事人同居期间所得的财产，除有证据证明为当事人一方所有的以外，按共同共有处理。

"他会不会写个协议，把所有财产都给那个女人呢？"辉姐露出担心的表情。

"那肯定无效，他的财产还有您一半呀！"

"他们已经准备打官司了，我现在怎么办呢？"

"以'有独三'身份参与到诉讼中来啊。"

"什么是'有独三'？"辉姐很不解。

"就是有独立请求权的第三人，不过你得以起诉的形式来参与诉讼。"

"也就是说，我得单独起诉，那他们俩不都是被告了嘛！"

"对啊辉姐，就是这个意思。"

　　辉姐问："如果那个女人管着他的钱，也不给他，那我能要回来吗？"

　　卉卉说："王伟把钱交给她保管，在无效婚姻的前提下，他们构成的是委托关系。您可以通过诉讼要回来。"

　　"太好了，那我就准备跟他们打官司。"辉姐露出开心的表情。

　　"分居这么久，您怎么对他的事一清二楚呢？"卉卉很不解。

　　"哎呀，我忘了跟你说了，他啥事都跟他一个好哥儿们说，这个好哥儿们的老婆是我的好姐妹。"

　　"哦，原来是这样啊。"卉卉不禁感到人脉力量的强大。

　　辉姐说："我希望你能代理我的案子。"

　　卉卉嘿嘿一笑说："我还处于实习期，代理不了。不过可以推荐我师父，他专业做婚姻家庭案子，非常厉害。"卉卉不忘给蔡新做推销。

　　"没问题，反正交给妹妹你，我就放心了！"辉姐显得很干脆。

　　辉姐走后，卉卉想起有人说过一句话，上帝会让所有女人和愿意跟她走过一生的男人相逢，但相逢之前，上帝会给这个男人蒙上眼睛。

范团来所里了，他告诉蔡新，他和倩倩的事处理好了，他又新交了一个女朋友。

小天在旁边听着，心想，这小子交桃花运了，年纪不大居然女朋友不断。

范团说了今天他想咨询的问题。

范团新交的女朋友小美刚满十九岁，人很好，俩人相处得不错，双方都想结婚。因为范团马上就到结婚年龄，而小美却差了一年。于是小美父母想了一个办法，小美有个表姐，有点儿癫痫的毛病，今年22岁了，可以用她的身份跟范团结婚。

小天说："兄弟，哥哥我比你大好几岁，也没像你这么急呀！"

范团不好意思地笑笑，没说话。

"人家不想错过嘛，遇到一个好女孩儿不容易。"卉卉从外面走了过来。

"这不就是无效婚姻的第三种情形——未达法定婚龄嘛！"小天说道。

蔡新点头说："没错。"

小天对卉卉说："让蔡律好好讲讲这个，咱们也听听。"卉卉在旁边表示同意。

蔡新对范团说："我不建议你这么做，风险很大。"

范团不解地问："都有哪些风险呢？"

蔡新说："未达法定婚龄一般有三种情况：一是通过熟人找关系，让民政部门给办结婚证，不过现在没有了，因为婚姻登记资料要进入婚姻登记系统的；二是利用其他人的身份信息办理结婚登记，这样导致两人虽然结婚了，但是并没有建立法定的婚姻关系；

三是修改身份信息。"

卉卉说："范团正好对应第二种啊！"

小天说："那万一离婚，还得去找别人离。"

"憧憬爱情才会结婚，你老离婚离婚的，把范团都吓着了。"卉卉怼了小天一下。

"我是顺着你的思路说的，相当于你把弹药上膛，我来开枪，回头你还怼我。"小天表示出不满。

"不要吵。"蔡新摆了摆手。

蔡新接着说："现实中有个案例和范团情况差不多。"

男孩儿和女孩儿谈恋爱，女孩儿突然怀孕。俩人想结婚，但女孩儿不到婚龄。女孩儿父母想了个办法，让女孩儿表姐跟男孩儿办了结婚手续。过了几年后，双方感情破裂，准备离婚，但是发现，俩人根本就没结过婚，女孩儿的表姐又在国外，没法回国办手续。

范团为难地说："这可难办了。"

小天问："那惨了，男孩儿还要跟远在国外的表姐离婚。"

"男孩儿和女孩儿协议分开就行，反正也没真结婚。"卉卉插了一句。

小天说："那不把男孩儿给坑了，女孩儿想再结婚就结，男孩儿一旦结婚，不就犯了重婚罪了嘛！"

"你说得也对。"卉卉笑着点头。

小天说："不过呢，我又分析一下，这两人现在就是重婚罪，你们没看出来吗？"

范团听小天说完，吓得惊了一下。

看到范团的表情，卉卉又笑了起来。

小天接着说道："你们看，男孩儿跟表姐是法律上的夫妻关系，没错吧？"

蔡新说："没错，你接着说。"

"女孩儿明知道男孩儿有法定婚姻，还以夫妻名义与之同居，并有了小孩儿，这下重婚罪没跑，等着坐牢吧！"小天摊了下手。

范团脸色都变了。

蔡新笑着说："小天啊，你快把范团带沟里了。男孩儿和表姐并没有真实结婚目的，而是女孩儿用表姐身份与之结婚的，他们不构成重婚罪。"

卉卉在旁边笑了半天，好不容易才止住笑，说："我赞成蔡律说的。"

蔡新说："回到刚才的案例，男孩儿还是应该和表姐离婚，毕竟他们建立了合法的夫妻关系。"

小天问："在国内起诉就行，对吧？"

蔡新回答："嗯，这个不难。"

·夫妻一方居住在国外，如何诉讼离婚·

《民事诉讼法司法解释》第十五条规定，中国公民一方居住在国外，一方居住在国内，不论哪一方向人民法院提起离婚诉讼，国内一方住所地人民法院都有权管辖。国外一方在居住国法院起诉，国内一方向人民法院起诉的，受诉人民法院有权管辖。

小天接着问："如果范团跟小美表姐结婚，但表姐欠了别人钱，范团怎么办？"

"虽然两人结婚，但没一起生活，债务肯定没有用于夫妻共同生活。不过也挺麻烦的，还得举证。"卉卉无奈地摇了摇头。

小天补充道："那可不嘛，还得打官司，范团名下的房子都可能被法院执行。总之，找人代替结婚，不是好主意。"

蔡新扭头对范团说："听明白了吧，我们不建议你这么做。"

范团说："我听明白了，风险确实不小，那我回去跟小美说，我们打消这个念头！"

蔡新点了点头。

小天对范团说："听人劝吃饱饭嘛！"

卉卉问范团："我不明白，就一年你们就到结婚年龄了，这么着急干吗？"

"我这套房子在我爸名下，他最近老不回家，我妈担心节外生枝，想把房子尽快过户到我的名下。但我爸说过，要等我结了婚，才能过户给我。"范团羞涩地说出原因。

"原来是这样。"小天露出恍然大悟的表情。

"家家有本难念的经啊！"卉卉发出感慨。

"非常感谢叔叔和哥哥姐姐的解答，那我就不打扰你们了。"范团站起身来。

"一定要记住我们说的呀！"小天叮嘱道。

范团答应后，小天把他送到了楼梯口，蔡新和卉卉回到了座位上。不一会儿，小天也回来了。

"夫妻一方死亡了，另一方也可以请求确认婚姻无效，对吧？"卉卉又向蔡新提出一个问题。

"人都死了，还起诉婚姻无效？"小天提出质疑。

蔡新说："我还是先举个例子。"

李三和四娘结婚二十年，儿子小李三也年满十八岁了。李三跟四娘的关系越来越差，于是李三长期不回家，并跟飞燕结婚了。三年后，李三因病去世。四娘和飞燕为了李三的遗产大打出手，这时，四娘向法院请求确认李三和飞燕的婚姻无效。

卉卉说："那这个飞燕可就是竹篮打水啦。"

小天说："您这个例子，有点儿关公战秦琼的味道，难道四娘是吕四娘，飞燕是赵飞燕？"

蔡新喝了一口水，对小天说："随你怎么理解吧。"

卉卉说："四娘可以提起确认婚姻无效的诉讼呀！"

·可否请求确认死者婚姻无效·

《民法典婚姻家庭编司法解释（一）》第十四条规定，夫妻一方或者双方死亡后，生存一方或者利害关系人依据民法典第一千零五十一条的规定请求确认婚姻无效的，人民法院应当受理。

小天点点头说："不错，又学了一个知识点。"

蔡新说："再说一点，四娘请求确认婚姻无效，李三死了，被告就是飞燕，如果李三在世，被告就是李三和飞燕两个人。"

卉卉说："我也来举个例子。"

小天的父亲收养了一个女孩儿小敏，和小天年龄相仿，还办了收养手续。在小天和小敏长大后，互相心生爱慕，于是，小天对父亲说："我想娶了我妹妹小敏。"他父亲说："好啊，这才是亲上加亲。"

小天说："这可以，俩人并没有血缘关系。"

蔡新回答："不对，拟制血亲也是血亲关系，不可以结婚，除非小天父母和小敏解除收养关系。"

小天说："我再提一个问题，对于确认婚姻无效的诉讼来说，它有没有诉讼时效的限制呢？"

蔡新说："请求法院宣告婚姻无效的确认之诉，因为当事人缔结婚姻违反了法律强制性规定，不受诉讼时效限制。"

五

人年龄大了往往喜欢怀旧，喜欢故地重游。就像悲观主义者所说，人生不过是一道圆弧，从生到死，最终回到原点。

范堂发现，退休以后，他更喜欢跟自己以前的朋友以及老家的亲戚联系。

范堂十八岁就当兵了，当年在东北边陲做哨兵，虽然条件艰苦，但是范堂很怀念那段日子，那是他一生的骄傲。后来他被提拔为班长，之后因立功被转为军官，并在部队服役了十几年，从营职岗位退役。

范堂的老家在河南农村，他父母去世早，哥哥和姐姐始终没离开过农村。他不怎么回老家，但每逢乡亲来北京看病或者办事，他都尽力帮忙。

范堂和张阿姨回了他老家。范堂的哥哥姐姐住在一个村里，哥哥执意让范堂住在自己家，范堂同意了。

范堂的哥哥长期干农活，身子骨还很硬朗。他有三个儿女，九个孙子孙女，还有五个重孙子重孙女，可谓四世同堂。看到哥哥儿孙满堂，生活幸福，范堂非常开心。

哥哥嫂子在院子里摆了几桌酒席，把全家老老少少都聚集起来给范堂接风洗尘。在酒席上，小辈们都过来给范堂敬酒。范堂喝得有点儿多，感觉晕乎乎的，但很开心。范堂回到了老家，激动之情溢于言表。

张阿姨坐在另一张桌子上，跟范堂的嫂子边吃边聊着。

范堂突然发现，哥哥的孙女小霞一脸愁容，并对她的丈夫二柱一副爱搭不理的样子。

吃完饭，范堂偷偷问收拾桌子的小霞怎么回事。

小霞把范堂叫到一边，一五一十地把事情经过讲了。

小霞原本有个恋爱的男友，他在外面打工，可父母不同意他们在一起，非逼着她嫁给村里跑运输的大龄青年二柱，还收了二柱十万元的彩礼。小霞不同意，但父母以死相逼，二柱也逼她，说跟小霞父母说好了，不结婚就双倍返还彩礼。最后，小霞被逼无奈，跟二柱领了结婚证。

范堂想，都什么年代了，还搞父母逼婚。于是他对小霞说："逼着你嫁给不喜欢的人，他们做得不对。这样，你明天上午来找我，我帮你找律师咨询，让他给你出个主意。"

第二天上午，小霞找到了范堂，爷儿俩来到了村里的一个晒稻谷场。

范堂拨通了蔡新的电话，并按了免提。

范堂一五一十地把小霞的事情讲给了蔡新，并对他说："蔡律师，您可得帮我，这关系到我孙女一辈子的幸福。"

蔡新听完范堂的介绍后，在电话中告诉范堂，小霞父母和二柱的行为属于婚姻胁迫。

范堂问："蔡律师，什么是婚姻胁迫呀？"

蔡新说："这个很好理解。"

·**什么是婚姻胁迫**·

《民法典婚姻家庭编司法解释（一）》第十八条第一款规定，行为人以给另一方当事人或者其近亲属的生命、身体、健康、名誉、财产等方面造成损害为要挟，迫使另一方当事人违背真实意愿结婚的，可以认定为民法典第一千零五十二条所称的"胁迫"。

范堂说："那小霞这肯定是婚姻胁迫了。"

蔡新问："他们结婚多久了？"

范堂看了下小霞。小霞说："我们结婚才三个多月。"

蔡新说："那还好，没有超过时效。"

·请求撤销胁迫婚姻的时效·

　　《民法典》第一千零五十二条规定，因胁迫结婚的，受胁迫的一方可以向人民法院请求撤销婚姻。请求撤销婚姻的，应当自胁迫行为终止之日起一年内提出。被非法限制人身自由的当事人请求撤销婚姻的，应当自恢复人身自由之日起一年内提出。

"去民政局不行吗？"范堂提出疑问。

"民政部在 2020 年 11 月 24 日下了一个通知，婚姻登记机关不再受理因胁迫结婚的撤销婚姻申请了。"蔡新耐心地解释。

范堂问："那得准备什么证据啊？"

蔡新告诉范堂："能证明胁迫事实的录像、录音、信件、短信，还有证人证言。"

范堂又问："那二柱要自己承认是他逼着小霞结婚呢？"

蔡新说："当事人自认最好。不过，小霞跟二柱谈过吗？"

小霞说："我跟二柱谈过，他说他对我这么好，我没良心，让他很伤心。"

蔡新接着问："那你父母承认逼你结婚吗？"

小霞说："他们看到我整天不开心，现在有些后悔了，承认他们逼我结婚是不对的。"

范堂问："蔡律师，小霞爸妈已经自认，这还不够吧？"

蔡新说："小霞父母能自认胁迫小霞结婚，这就很有利了。作为一桩婚姻，法官会首先考虑小霞本人意愿是否真实，只要各种证据能证明小霞因胁迫而与二柱结婚，并且不存在损害二柱利益的事实，法院判决撤销的可能性还是很大的。"

范堂说："蔡律师解释得清清楚楚，让我这个不懂法的都听明白了。我想，我出面跟二柱谈一下吧，万一能行，也省得小霞去法院折腾了。"

蔡新说："您说得对，您出面会比小霞自己解决好。"

范堂说："看来我回老家这一趟，还是很有必要啊！"

范堂虽然年过七十，但是性格上依然有股子不服输的劲头。

蔡新回答："您的作用当然不小。还有，小霞啊，你得想办法找出二柱胁迫的证据，这样把握才更大！"

小霞答应了一声。

范堂说："蔡律师，我要跟小霞爸妈和二柱分别谈。我要让小霞爸妈知道，钱财带不来幸福，真正的幸福是成就别人。我再跟二柱说，跟不爱自己的人相守百年也是不幸福的。"

蔡新对范堂的话表示认可。

范堂最后感慨地说："蔡律师，太感谢您了！您指点了这么多，真是小霞的恩人啊！我这就帮着小霞找证据去，有了进展再随时跟您沟通。"

六

一天早上，小天开车上班，小天爸搭了一段车，爷儿俩在车里聊天。

小天说："爸，您说您也不上班，别人问您做什么工作，我都不知道怎么回答。"

小天爸想了想说："儿子，你就说爸爸是做投资的。"

"我这么说，心会很虚啊！"

"不大可信，对吧？"小天爸自己也觉得不大可信。

"我就实话实说吧。我爸不上班，收入来源就是几套房子的租金。"

"唉，随你怎么说吧。不过，别人问你，你怎么评价你父亲？你怎么说呢？"

"我父亲就像泰山上的一棵大树，上有山峰，下有深渊。受雨水之滋润，受山泉之灌溉。"

"还能这么形容啊，儿子，你到底想说我啥呢？"

"这是《世说新语》中的一个典故，意思就是说您深不可测。"

"儿子，你这么说我爱听。"

小天到了律所后，开始整理、打印起诉资料。

临近中午，大家都不忙了，小天对蔡新说："蔡律，您给我讲讲胁迫婚姻吧。"

"没问题。我还是给你举例吧。"

小天喜欢小敏，但小敏不喜欢小天。小天想，机会总是留给有准备的人，你不尝试怎么知道没机会呢！于是，他就每天盯着小敏。有一天，小敏来到河边洗衣服，小天在旁边念叨："掉水里，掉水里。"果然，不会游泳的小敏落水了。岸边的小天心里乐开了花，心想，机会终于来了。于是一个猛子扎进水里，把小敏托举了起来，对小敏说："嫁给我好吗？"呛了好几口水的小敏无奈答应。第二天，俩人去民政局办了结婚登记。

蔡新问："你们说，这个算胁迫吗？"

小天说："虽然动机不纯，但是行为总是好的，所以，我觉得例子中的小天不算胁迫，应该算小敏报恩。

卉卉说："我想是这样，小天在救人的节骨眼提嫁给自己的事，有点儿趁人之危的感觉，但她第二天可以反悔啊。"

蔡新说："是的，胁迫情形已经消失的情况下，小敏依然跟小天办理了结婚手续，所以，这个不能撤销。"

小天露出了开心的表情。

蔡新说："我再举个例子吧。"

村长小天喜欢小敏，但小敏不喜欢小天。小天对小敏说："你要是不嫁给我，等村里分地的时候，就不给你们家分。"小敏很恐惧，就嫁给了小天。

小天说："我觉得这个是胁迫，这算小天利用职权对小敏进行胁迫。"

蔡新说："胁迫要对生命、身体、自由产生威胁，村长的威胁显然不具备胁迫婚姻的特征。如果不给分地，可以通过正当的渠道来维权，没必要把自己的人生赔上。"

小天说："有没有可能是小敏觉得小天能干，顺势而为呢？"

"真能胡说八道。"卉卉笑着骂了小天。

蔡新又讲了一个故事。

小天是村里的贫困户，一直没有老婆。为了娶上老婆，小天省吃俭用地攒钱。终于攒了五万元钱。这事被媒婆知道了，她说她能帮小天圆了心愿。很快，媒婆带来一个女人，长得非常漂亮。没想到的是，在办理了结婚登记后的第三天，女人消失不见。小天报警后，警察查询发现，女人登记的身份都是假的。

蔡新问："小天应该怎么做呢？"

卉卉深深叹了口气，说："这个小天太可怜了！"

小天也叹口气说："这婚结的，结了个寂寞。"

卉卉说："这属于可撤销的婚姻吧？"

蔡新说："你说得没错，这确实属于可撤销婚姻。"

小天说："那就是说，例子中的小天需要先报案，待公安机关出具了骗婚的认定后，小天再向民政部门申请撤销婚姻登记，对吧？"

蔡新说："说得没错。"

小天又提出问题："要是出现了一方失踪或者死亡，那这婚姻怎么办？"

蔡新说："那我再举个例子，这来源于一个真实的案例。"

小天娶了一个外乡女人王某某，小天给了不少的彩礼，王某某和小天去登记结婚。在乡里登记时，王某某没带户口本，就口头说了自己的名字和出生日期，乡里办理结婚登记的人是小天家亲戚，就给他们办了结婚手续。结婚后不久，俩人因琐事发生争吵，王某某离家出走，小天从此再也无法找到王某某。经过民警查询，发现王某某提供的信息是假的，查无此人。后来，媒婆给小天介绍了一个姑娘，小天相了亲，感觉人不错，但无法结婚。

蔡新说："你们给小天出出主意，应该怎么做呢？"

小天说："俩人分居超过一年，可以申请离婚呀！"

卉卉说："你说得不对，身份都是假的，跟谁离呀？"

小天说："那宣告王某某失踪或者死亡呢？"

蔡新说："王某某提供的就不是真实的身份信息，所以，是无法申请宣告失踪和死亡的，也无法申请离婚。"

卉卉说："提起行政诉讼，请求法院宣告小天和王某某的婚姻无效。"

蔡新说："不能宣告婚姻无效，咱们说过，确认婚姻无效只包括三种：重婚、不可结婚的亲属关系、未到法定婚龄。这个还得去婚姻登记部门请求撤销。"

卉卉不好意思地说："我真是有点儿糊涂了。"

小天问："那要是王某某提供了真实身份信息后，失踪或者死亡了呢？"

蔡新回答："王某某失踪，根据《民法典》规定，她的财产由小天代管，但婚姻关系不受影响。"

"那要是因为下落不明满四年，或者意外事故满两年被宣告死亡了，婚姻关系怎么办呢？"小天又问。

卉卉笑着说："这问题我会。"

· 被宣告死亡的婚姻关系处理·

《民法典》第五十一条规定，被宣告死亡的人的婚姻关系，自死亡宣告之日起消除。死亡宣告被撤销的，婚姻关系自撤销死亡宣告之日起自行恢复。但是，其配偶再婚或者向婚姻登记机关书面声明不愿意恢复的除外。

蔡新笑着说："卉卉进步越来越大了。"

"还是蔡律指导的好呀！"卉卉嘿嘿一笑。

第五章　夫妻关系

一

暑假到了。

蔡新和小颖之前商量好，等蔡爽一放暑假，一家三口就去看看爷爷奶奶或者姥姥姥爷。这次，蔡新和小颖都想一放假就回家看望父母。

蔡新对小颖说："老婆你看，你家在湖南，我担心暑假天气太热孩子受不了。再说，咱家几瓶好酒我一直没舍得喝，我还惦记着给咱爸妈买飞机票，让他们来北京多待些日子，我们爷儿俩可以每天一起喝点儿。他们没坐过飞机，应该让他们体验一下。"

"那咱们这次去哪？"小颖知道蔡新的用意，但是装糊涂，想逗一逗蔡新。

"咱们先带孩子去看他爷爷奶奶，等春节的时候，你想回湖南，我们再一起回去。"

小颖笑着说："你这张嘴真不愧是做律师的，太能忽悠人了。"

"所有律师都会找你算账的，我们可是靠专业知识取胜的。"蔡新露出一脸的委屈。

"好吧，那就听你的。"

婚姻没有绝对的原则，要想让婚姻长久，就要学会妥协。有时候，妥协才是矛盾的最佳处理方式。

不管怎样，蔡新达到了自己的目的。

说实话，蔡新快三年没回过老家了，他非常期待。

小颖很懂事，回老家带些礼物的事不用蔡新操心。正好这几天没有庭审，蔡新安排好工作就可以安心休假了。

蔡爽听说要去爷爷奶奶家，非常开心。蔡新跟他说，回农村老家可以去河里抓鱼，可以去庄稼地里抓蚂蚱，还可以买一大堆炮仗、烟花随便放。蔡爽听了兴奋得晚上都睡不着。

蔡新一家人下了高铁，蔡新的弟弟蔡勇开车把他们接回了家。

蔡新的老家在农村，现在村村都通了公路，车可以直接开到家门前，这让蔡新不禁感慨，农村真是变得越来越好。

蔡新一家回来了，父母开心得不得了。

蔡勇刚把车停下，蔡新父母就从院子里跑了出来。蔡新赶紧从副驾驶下了车，对父母说："可慢点儿，别摔着。"蔡新的母亲个子不高，一头的白发。她笑着说"没事"，看了蔡新一眼，然后就直奔小颖和蔡爽去了。蔡新的父亲站在车旁边，眉开眼笑地看着蔡爽不说话。蔡爽懂事地对爷爷奶奶说："爷爷奶奶，我们回来啦！"蔡新对父亲说："爸，我回来了。"父亲说："嗯，回来就好，在家多待几天吧！"

蔡新的父亲一米八的身高，虽然年近七十，但腰板还是很直。蔡新小时候，父亲脾气很不好，经常打骂蔡新、蔡勇哥儿俩，这给蔡新留下很深的心理阴影，但随着年龄的增大，蔡新不再记恨父亲了。他有时候会想，岁月可能是疗伤的最好手段。

蔡新看到自己的父母都明显见老，内心不禁感慨，岁月无情，真的该常回来看看。

二

回东北老家的第三天，蔡新正跟小颖在炕头上嗑瓜子聊天，蔡新母亲带回家一个和自己年龄相仿的女人。

蔡新母亲说："这是你们张婶。"蔡新回来得少，好多村里人都不认识。他客气地叫了一声"张婶"，小颖也跟着叫了一声。

张婶在炕沿边坐下，跟蔡新说了自己的情况。

张婶和张叔结婚二十几年了。张叔是个干工程的包工头，张婶在家务农。张婶最近发现，随着张叔赚钱越来越多，回家的次数却越来越少了。凭女人的直觉，张婶觉得张叔不正常。于是，她到张叔的工地进行跟踪和暗访，最后发现，张叔跟别的女人住在了一起。

张婶很生气，去派出所把张叔告了，但派出所不管。她又跑到张叔承包的工地哭闹一番，也没有解决问题。于是，气愤的张婶趁人不注意，爬上了塔吊。这事造成很大的影响，甲方告诉张叔，不把家里事情安排好，就不让他继续承包工程了。

迫于压力的张叔向张婶承诺，和那个女人不再来往，并跟张婶签了一份保证合同，保证以后除了张婶外不会再有其他女人，如果违反就作出三十万元的赔偿。

张婶对蔡新说："大侄子你帮我写这份保证合同吧，多少费用我照付，让你张叔出钱。"

"张婶，您希望合同达到什么效果呢？"

"他不能和别的女人一起住，不能和别的女人有那种关系，如果违反，他就要按合同给我三十万元，不给的话，我就去法院告他。"张婶回答得干脆利索。

蔡新说："我得提示您，这个保证合同本质上属于忠诚协议，只能靠自愿履行，如果告到法院，法院并不会管。"

"大侄子，你说法院不管，那是为啥？"张婶很纳闷。

蔡新说："法院会认为，这种协议约束的是人的行为，它属于道德范畴，只能依靠自愿履行，并不适用合同法的违约条款。"

张婶不解地问："你说的什么条款我不懂，假如他要耍赖，我就没办法了，对吗？"

蔡新说："可以这么理解，因为忠诚协议并没有强制执行力。"

·忠诚协议能否得到法律支持·

夫妻忠诚协议实质属于情感道德范畴，应由当事人本着诚信原则自觉履行。当事人依据夫妻忠诚协议约定已经履行了赔偿等义务而反悔的，人民法院不予支持；当事人依据夫妻忠诚协议要求赔偿或承担违约责任的，同样亦不能通过诉讼方式强制予以履行，是否履行全凭当事人自愿。夫妻一方以对方违反协议约定提起诉讼的，人民法院不予受理，已经受理的，应裁定驳回起诉。故双方虽签订了夫妻忠诚协议，但应建立在双方诚信自愿履行基础之上，不具有合同法上的法律约束力，故不能通过外在法律的强制手段予以解决。

[摘自 (2021) 京 03 民终 8334 号民事判决书]

张婶说："那有没有别的办法，不让他跟别的女人鬼混呢？"

"婚姻应靠情感来维系，不能靠'忠诚协议'来约束。所以，没啥好的办法。"蔡新摇了摇头。

"那我不是太被动了嘛！"张婶用手拍了一下炕沿儿。

"您和张叔结婚这么多年，感情基础肯定有啊，少分居，多沟通呗。"蔡新安慰了张婶。

"唉，没用。你张叔这个人，一有钱就变坏了。他印了一大堆名片，什么董事长、总经理的，还嫌弃我不会穿衣服，不会化妆，不愿意跟我出门。我一说他，他就说，男人要靠包装，女人要靠衣妆。总之，嫌弃我。"

蔡新不知道该说啥，于是保持了沉默。

张婶又抱怨道："你说他就是一个包工头，没有我当初帮他四处借钱揽工程，他能走到今天嘛！"

蔡新想，张叔张婶的事情不是个例，很多夫妻的离异也是这个原因。有人说，男人有钱容易变坏；还有人说，女人跟不上男人的脚步，肯定被淘汰。这个问题确实说不清。

"张婶，我理解您的心情。"蔡新安慰道。

"大侄子，我明白你的意思，毕竟我也是初中文化。你难得回来一次，就帮我写了吧，你张叔肯定不懂，他小学还没毕业呢！"

蔡新想，这应该是学历自信吧！

蔡新说："我可以帮您写，但风险要告诉您。"

"车到山前必有路，如果真到那一天，我还有更多办法。"

蔡新想起了诸葛亮的锦囊，不到紧要关头不会拆开。从张婶的身上，蔡新看到一种临危不乱的气概。

蔡新想，也许张婶是对的，有了这样的忠诚协议，至少在道德上、舆论上、心理上都会给张叔造成一定的压力。

蔡新答应了张婶后，她千恩万谢地离开了。

张婶走后，小颖对蔡新说："既然民法规定了契约自由，那么忠诚协议也是契约，应该受法律保护啊！"

受到蔡新的耳濡目染，小颖也开始对法律产生兴趣，加上她本身做人力资源工作，需要经常处理企业和员工的纠纷问题，有事没事小颖也看看法律书籍。

蔡新说："你的观点代表了一部分人的观点。根据契约自由原则，只要不违反法律强制性规定，就应该受到法律的保护。"

"那你的观点呢？"

"我给你讲个故事吧。"

狐狸和狗做朋友，狐狸欺骗狗说："我发誓，要跟你做一辈子的朋友，有吃的一起分享。"狗很感动，每次找来吃的，都分给狐狸一半。狐狸坐享其成。一天，狗在打猎时被狼给咬伤，无法打猎，于是对狐狸说："以后打猎就靠你了。"狐狸口头答应，但心里想，狼比你更强大，我不跟你混了。于是它把狗抛弃，跑到狼身边，对狼说："我要跟你做一辈子的朋友。"狼说："你跟狗说过同样的话，结果却背叛了它，不能把你这个坏家伙留在世间。"于是，它把狐狸咬死了。

小颖说："你的意思是，背信弃义者就应该受到惩罚，对吗？"

蔡新点头说："没错，可谁来惩罚呢？"

三

蔡新家亲戚不少，回家后少不得要走走亲戚。

母亲跟蔡新说："你去看看老铁吧，他挺不容易的，你看看能帮他点儿啥不。"

正好蔡勇也在旁边，他对蔡新说："哥，你去的话，我开车带你去。"

老铁是蔡新二舅的儿子，大名刘铁。

二舅当年在私人小煤矿打工，后来煤矿出了透水事故，二舅死在了里面，煤矿只赔了三万元钱，当时老铁还十岁不到。二舅死后三年，二舅妈改嫁。她改嫁的男人以养牛为生，脾气极其不好。老铁受不了打骂，十五岁就离开家出去打工，在煤矿、砖厂都干过。二十多岁时，老铁娶了一个媳妇，并有了一个儿子。不幸的是，老铁在建筑工地打工时，因事故导致左腿被砸断，从此残疾。妻子觉得这种日子没盼头，就悄悄离开了老铁，把工地赔给老铁的十万元钱也带走了，孩子留给了老铁。经历变故的老铁没有消沉，伤养好后他报了一个电工学习班，考取了电工证，在一个农贸市场上班。也许得益于名字，老铁的日子虽难，但意志始终如铁。

蔡勇说："老铁的日子也很不容易。"

听完蔡勇的介绍，蔡新脑海里出现一个画面，一个阳光少年拿着一塑料袋新鲜的鱼递给自己，说："大哥，我给你抓了点儿鱼，晚上让我姑给你炖了吃。"这还是蔡新上大学放假回来时的情景，当时的老铁也就十二三岁。

"走，咱们看看老铁去吧。"蔡新冲着蔡勇招手。

蔡勇打了一个电话，确定老铁在家。蔡勇开车带着蔡新走了，没带小颖和蔡爽，怕的是老铁给蔡爽包红包。

蔡新和蔡勇难得单独相处，哥儿俩聊了一路。

蔡新一直觉得对不起弟弟。原因在于，在蔡新上大学时，因为家里困难，懂事的蔡勇选择了退学，靠打工赚钱补贴家用。

蔡勇没有任何抱怨，他先跟着别人修拖拉机，干了几年后，修拖拉机、开拖拉机的技术都熟练了，就用打工的钱买了一台旧推土机给附近农民推地。由于人缘好，乡亲们有活儿都愿意找他。蔡勇很有营销天赋，每逢农忙季节他都印一大堆宣传单到各个村发放，宣传自己推地的价格优惠。一来二去，大家都知道了蔡勇不但干活儿好，而且价钱不高，他的客户也就越来越多。蔡勇于是又购置一台玉米收割机、一台装载机，他还雇了两个农民，长期跟着自己干。

蔡勇很满足于现状，媳妇能干，两个儿子学习也不错。他还在县城买了套楼房。

通过弟弟蔡勇的努力，蔡新总结了一点：谁也不知道命运会把人推向何方，但不对命运低头的人会有好的结果。

蔡新对蔡勇说："你每天这么忙还得照顾咱爸妈，辛苦了，可惜哥离得远帮不到你。"

蔡勇边开车边笑着说："哥，我现在挺好的，不像你，在大城市压力那么大，你不用惦记我。"

蔡新没说话，但眼睛有些湿润。

正聊着，蔡勇已经把车开到了老铁居住的小区门口。

没想到的是，老铁早早带着孩子等在小区外面。

蔡新下车后仔细观察老铁，当年那个阳光少年现在成了挂着拐杖的中年人，让人不禁感叹岁月沧桑。

"大哥，您啥时候回来的？"

蔡新说："回来几天了，跟你二哥过来看看你。"

"亮亮，叫大爷。"老铁对自己的儿子说。

"大爷！"亮亮叫了一声，赶紧藏在老铁的身后，能看得出亮亮还是有点儿认生。

一路走一路寒暄，蔡新和蔡勇走进老铁家。

蔡新看了看，一居室的房子收拾得很整洁，洗衣机、电视、冰箱都放在客厅，屋子显得满满当当的。墙边放了一排柜子，两摞衣服整齐地码在上面。看得出，老铁还是很爱干净的。

蔡新坐在沙发上，拿出红包递给了亮亮："来，大爷给你个红包，买点儿好吃的，再买个书包。"蔡新出门，特意包了一个大点儿的红包。

几番推让，老铁让亮亮收下了红包。

蔡新问起老铁的近况。

老铁说："现在做水电工，活儿倒是不累，但是要随叫随到，有时候很晚了也要出去干活儿，没办法只能带着亮亮去维修现场。"

"亮亮想他妈吗？"蔡勇在旁边问。

老铁说："也会想，幼儿园小朋友都有妈妈接送，他有时候会问我，妈妈啥时候回来？"

"一个人带孩子不容易啊！"蔡新感慨道。

老铁告诉蔡新和蔡勇，带孩子不难，每天让孩子吃得饱饱的，穿得暖暖的，再多跟着他玩，多跟他疯，别让他孤单，孩子就满足了。

蔡新心想，确定是这么个理儿。

老铁还自豪地说："亮亮有时馋了，就带他去买个汉堡，再买个鸡腿。不到二十块钱，他就开心得不得了。我在旁边看着，也开心得不得了。"

"你自己怎么不买一个吃呢？"蔡勇问。

"二十块钱能买一斤多肉呢，我就算了。"老铁摆了摆手。

蔡新听着，突然有点儿心酸。

蔡新忍不住问："他妈一直没消息吗？"

老铁说："没消息，听说去北京打工了。"

蔡勇对蔡新说："大哥，您回北京时带上她的照片，万一在北京看到她，您就报警。"

"北京这么大，不容易遇到，即使遇到，报警了，警察也没法管啊。"

蔡勇问："为啥？"

蔡新说："警察会认为这是民事纠纷。"

蔡勇说："那这事也不能不了了之啊！"

蔡新说："照片还是给我吧，有线索的话，我可以去找她。"

老铁问蔡新："大哥，工地赔我的十万块钱，她全拿走了，这钱有她的份吗？"

蔡新说："这是你的个人财产，没她的份。"

> **·人身损害赔偿是否属于夫妻共同财产·**
>
> 《民法典》第一千零六十三条第二款规定，下列财产为夫妻一方的个人财产：一方因受到人身损害获得的赔偿或者补偿。

老铁又问："那我能起诉她吗？"

蔡新说："当然可以起诉，除了这钱外，还有亮亮的抚养费，但是抚养费诉讼要以亮亮的名义提起。"

蔡勇说: "不对吧,大哥,他们还没离婚,能要抚养费吗?"

蔡新肯定地回答: "当然可以了。"

· 抚养费支付是否以离婚为要件 ·

《民法典》第一千零六十七条第一款规定,父母不履行抚养义务的,未成年子女或者不能独立生活的成年子女,有要求父母给付抚养费的权利。

"可是联系不到她呀!"

"可以公告送达,一旦法院判决了,就可以执行她名下的财产。这样,大哥帮你把起诉书啥的都写好,趁着这几天我在家,跟你一起去立案。"蔡新拍了拍老铁的肩膀。

"太好了,大哥!"老铁的眼睛里泛出泪花。

四

时间过得很快,蔡新回家已经十天了。这十天,蔡新和亲戚、朋友、同学走动得不多,因为他更想多陪陪父母。看到父母明显老去,蔡新的内心多了一份愧疚。都说父母在,不远游,可他长期不在家,除了经济方面,能帮父母的很少。大多数父母都是这样,他们不需要你做什么,只要能经常看到你,能经常听到你的声音,他们就很满足。

蔡新想,如果法律能强制探望父母,估计大多数人愿意接受,包括自己在内,这样即使再忙,也能给自己一个看望父母的理由了。

晚上睡觉时，蔡新对小颖说："咱们该回北京了。"

蔡爽听到爸爸说回北京，一脸的不情愿，哭着说："爸爸，咱们能不走吗？"

蔡新说："爸爸妈妈得回去工作，要不没钱花了。"

小颖对蔡新说："这孩子这几天玩疯了，白天钓鱼，晚上放烟花，肯定不愿意走。"

蔡爽哀求道："爸爸，我有一个办法，咱们不回北京了，我转学过来，您跟着我二叔干农机，没准比你做律师赚钱呢。"

听到儿子这种安排，蔡新觉得有趣，好奇地问："那你妈妈呢？"

"不让我妈上班，我看村里的阿姨都在家做饭，多好。"

"儿子，有些主，还真的不能让你做，否则你妈的职业生涯都被你给断送了。"小颖在旁边深深地叹了口气。

"反正，我就是不想走。"蔡爽一边说一边哭着。

于是，夫妻俩一通安慰，承诺回北京给他买机器人玩具，过段时间再回来，蔡爽这才勉强答应。

离开前一天，蔡新父亲从邻居家买了一箱鸡蛋，对蔡新说："这个是笨鸡下的蛋，拿回去给我孙子吃！"

蔡新和小颖商量好，给母亲留一万元钱。可临走时，当小颖把钱递给母亲时，她怎么也不要。母亲说："我和你爸身体都不错，现在农村条件也好了，你们在城里负担更重。这钱攒起来，给我孙子娶媳妇用。"

"妈，您考虑得够远的。"小颖笑着说。

走的时候，还是蔡勇开车送的哥哥。

车开出很远，蔡新父母还在后面招手。

蔡新从车窗回头看了看母亲，泪水不禁流了下来。蔡新想，这就是小时候愿意给自己擦鼻涕，长大了愿意给自己擦眼泪的母亲啊！

蔡勇开着车对哥哥说："大哥，你要是有了困难，一定要告诉我。"

蔡新答应道："嗯，放心吧！"

蔡新想，命运对自己不薄，给了自己一个这么好的弟弟。他不禁想起母亲跟自己说过的话："等我和你爸没了，你一定要对老二好点儿啊！"

五

范堂和张阿姨在包饺子。

两个老人，两头白发，场面有点儿像《最浪漫的事》歌曲中唱的那样，我能想到最浪漫的事，就是和你一起慢慢变老。

范堂看到老伴儿身体明显没有以前利索了。岁月真是一个绕不过去的坎，范堂不禁感慨，也有些懊悔，自己前段时间居然还想和她分开，太不对了。遇到一个疼自己，愿意跟自己过一辈子的女人，应该珍惜啊。

突然，麻小丽敲门进来。

张阿姨看见麻小丽走进来，赶紧热情地招呼她："小丽来啦，饺子马上包好，一会儿咱们一起吃。"

"我不吃了。"麻小丽摇了摇头，直接坐在椅子上。

"小丽，是不是范河那混蛋又欺负你了？"范堂看见麻小丽的眼圈红红的，心里大概能猜到，肯定是范河惹的祸。

张阿姨擦了擦手上的面粉，赶紧递给麻小丽一杯水，并安慰着她："小丽，别着急，有啥事跟你爸说。"

麻小丽向范堂哭诉起来。

麻小丽告诉范堂，范河去年把一套房子租给一个女人，不知道怎么的他跟这个女人好上了，还跟她一起同居。

范堂问麻小丽："你怎么知道的？"

"是邻居韩大妈告诉我的。"麻小丽回答。

范堂很生气，但是又感觉很无奈。虽说是自己的儿子，但毕竟都这么大岁数了。儿大不由爹，女大不由娘，他还能听自己的吗？

迟疑间，麻小丽对范堂说："爸，这回您真得管管他。"

范堂对麻小丽的印象非常好，他觉得麻小丽朴实、善良，绝对是个好儿媳。他也知道儿子对儿媳不好，他生气儿子怎么这么不知道珍惜。

范堂问麻小丽："小丽啊，你有什么打算呢？"

麻小丽说："我想去找那个女人，让她从房子搬出去。"

范堂想了想说："都说冲动是魔鬼，你去吵起来就不好了，我担心会发生极端的事情。这样，我毕竟年龄大，他们不敢把我怎么样。我先去看看。"

麻小丽说："那就听您的吧，范河要是还这样，我真不能跟他过了。"

范堂说："小丽，我理解你。不是被逼急了，你也不会说出要跟范河离婚的话。放心，我会站在你这边的。"

一番劝慰的话，说得麻小丽眼泪汪汪。

张阿姨一直没有说话。对她来说，范河不是自己的孩子，说深了怕不好，所以只是劝麻小丽别生气了。

傍晚时分，范堂到了范河那套房子的小区，坐电梯上去后敲了敲房门。门打开了，一个三十几岁的年轻女人开的门。

范堂打量了她一眼，很年轻，也很漂亮。

只见她十分警觉地问："您找谁啊？"

范堂很和蔼地对她说："小姑娘，你让我进去吧，我是范河的父亲。"

这个女人看除了这个老人外并没有别人，就打开门让范堂进去了。

这是一套一居室的房子，范堂扫了一眼客厅，房子收拾得温馨又整洁。范堂也没谦让，就直接坐在了客厅的沙发上。

这个女人给范堂倒了一杯水。

范堂温和地问她："我应该怎么称呼你呢？"

"您就叫我小雅吧，叔叔。"

"小雅，我开门见山了啊，我想知道你和范河发展到哪一步了。"

"叔叔，我也不瞒您，范河和我已经住在一起了。"

"孩子，名不正则言不顺，这么做不好。他毕竟是有家室的人，这你应该知道吧？"

"知道，他说了，他说要尽快离婚和我在一起。"

"孩子，别意气用事，他儿子都二十多岁了。另外，我的儿子我知道，他并不优秀，你为什么愿意跟他在一起呢？"范堂提出自己的质疑。

"叔叔，我和您的看法不一样，我觉得他人好，他还说会一直对我好的。"

范堂摇了摇头，他不信儿子的承诺，因为范河对跟了自己二十几年的妻子都没好到哪里去。他更不信，这个女人真相信范河会一辈子对她好。

"孩子啊，我倒是觉得，他肯定承诺你什么了，要不你不会死心塌地跟着他的。"范堂对范河很了解，他知道范河肯定不是因为优秀而吸引了别的女人。

"叔叔，我跟您说实话吧，范河答应我了，他要跟我结婚。如果不能跟我结婚，至少要把这套房子给我。"

范堂倒吸了一口凉气，心想，这个败家儿子啊，这一套房子怎么也值个三四百万吧，就这么送人了？

"他没说这套房子是他们两口子结婚后买的吗？"

小雅不慌不忙地说："他说这套房子是他的婚前财产，跟麻小丽无关，他还给我写了一份承诺，如果不能把房子给我，就把房子的价值转化成现金给我。"

范堂气得要命，但是不知道怎么反驳，毕竟范河白纸黑字写给了人家。于是起身对小雅说了句："小姑娘啊，他有老婆有孩子，你们没有感情基础，在一起怎么能合适啊。"

"叔叔，鞋合适与否，脚是知道的。我倒是觉得，我们还是般配的。"

范堂想，堂而皇之地想拆散别人的婚姻，还这么理直气壮，这叫什么人啊！于是生气地对小雅说："这件事，我、我的孙子、我的儿媳，我们都不会同意的。"

说完之后，没等小雅回应，范堂就走了。

走到门口，范堂又回头说了一句："我告诉你，这套房子其实是范河他们两口子结婚后买的，范河没有权利自己做主。这个我已经咨询律师了。"

范堂走出小区，突然觉得心里沉甸甸的。

六

蔡新刚开完一个庭，这是一个妻子起诉丈夫离婚的案子。蔡新代理的是原告妻子一方，原告方姓仇。

仇女士和丈夫原本很恩爱，仇女士在外企工作，她的丈夫赵先生在一家大型服装公司上班。后来，服装公司因为效益不好而裁员，赵先生正好被裁。被裁员后，赵先生找不到工作，于是自暴自弃，开始每天在家打游戏、喝酒，家务也不干。为此，俩人总是争吵，慢慢地，感情变得越来越差，仇女士于是决定和丈夫离婚。

案子比较简单，仇女士已经第二次起诉了。两人的纷争就是一套住房，因为孩子愿意跟着仇女士，所以从法律上说，仇女士得到住房的可能性很大。为此，蔡新也帮仇女士整理并向法庭提交了利于仇女士争取到住房的证据。

被告赵先生在法庭上提出了自己的诉求，希望要孩子，希望能得到房子，但他并没有提出什么有力的证据。

赵先生在法庭上还对仇女士说了一句话："你姓仇，我就不应该娶你，你就是来找我报仇的。"仇女士生气地说："我姓仇（音qiú）。"法官当场制止了赵先生："被告，请注意您的言辞，不要说和本案无关的话。"

开完庭，蔡新接到了范团的电话。

"叔叔，您看什么时候方便，我去找您，和您见面聊。"

"我马上就回所里，你过来吧。"

蔡新回到了所里，坐在自己的位置上，给自己倒了一杯水。

不一会儿，范团就到了。

"叔叔，我又来给您添麻烦了。"

"跟叔叔不要客气。"

范团说："我想把姓改了，跟我妈妈的姓，从此跟我爸断绝关系。"

蔡新摇了摇头，说："这样还真不行。不过，我想问你原因。"

"叔叔，我爸跟别的女人一起住了，经常不回家，所以我想跟他断绝关系。"

"这在法律上是做不到的。"

"为什么呢，我看古书上不是有句话叫恩断义绝吗？"

蔡新说："亲子关系不能通过法律手段解除。除非你在未满十四周岁时被别人合法收养。"

· 亲子关系能否解除 ·

父母和子女的身份关系基于血缘形成，基于身份产生。这种关系在法律上不支持解除。《民法典》第二十六条规定，父母对未成年子女负有抚养、教育和保护的义务。成年子女对父母负有赡养、扶助和保护的义务。

"如果我们签协议，解除父子关系呢？"

"即使你们签了协议，依然是无效协议。一旦他生病，你还不能不管，如果你不赡养他，可能会触犯遗弃罪。"

"我改姓呢，我想跟着妈妈的姓。"

"范团，多好听的名字啊，为啥要改呢？"

"改了更好听，因为我妈妈姓麻。"

"麻团确实好听，但不建议你改。"

"为什么呀？"范团很不解。

· 自然人姓名可否修改 ·

《民法典》第一千零一十二条规定，自然人享有姓名权，有权依法决定、使用、变更或者许可他人使用自己的姓名，但是不得违背公序良俗。《户口登记条例》第十八条第一款规定，未满十八周岁的人需要变更姓名的时候，由本人或者父母、收养人向户口登记机关申请变更登记。

蔡新回答说："从法律上来说，修改姓名是你的权利。但是，修改后也会造成很多不便。"

"叔叔，我考虑问题少，您跟我说说。"

"大家叫范团习惯了，很难改过来。还有，你的毕业证、身份证也要一起改。毕业证不能改，只能让学校出个证明，证明麻团和范团是同一人，你说麻烦不麻烦呢？"

"您说得对，我就没考虑那么周全。"

"所以，改了确实不方便。我还见过一个十三岁的男孩儿想改成母亲的姓，没改成。"

"为啥没改成呢？"范团不解。

蔡新说："男孩儿是未成年人嘛！法律规定，未成年人修改姓名，需要经过父母双方协商，这个男孩儿的父亲不同意啊。"

"哦，看来改姓的问题还真不少。"

"另外呢，你的房子还登记在你爸名下，你把姓改了，他还能给你吗？"蔡新半开玩笑半认真地劝说范团。

范团是个聪明人，他马上说："叔叔，我确实有些冲动。"

"遇事多思考，总是好的。"蔡新点点头。

七

于律师端着保温杯，站在蔡新的座位旁边，跟蔡新聊着家庭的话题。

于律师问："蔡律，您说夫妻之间什么最重要？"

蔡新想了想说："不说假话。"

于律师说："不说假话是美德，不过有些谎言也是善意的。"

蔡新说："原则问题不能说谎，否则像多米诺骨牌一样，一旦倒下，会让夫妻关系出现危机的。"

于律师说："我赞成你的观点，我给你讲个故事。"

古代有一个人有一个妻子和一个妾室。一妻一妾每日见他出门总能酒足饭饱地回家，并说都是有名望的朋友宴请自己，于是很纳闷怎么这么多朋友一个都不来家中。等他再出门，她们尾随他一路，看到他到了坟地向扫墓的人讨要吃食，吃完了一家又一家，待酒足饭饱便回家。从此，两个老婆都不再相信他的话，哪怕是真话。

蔡新说："这是孟子的《齐人一妻一妾》的故事，这个齐人真是恬不知耻、撒谎成性。"

于律师说："这就是'塔西佗现象'，往往第一印象是很难让人改变的。"

"这么不学无术、好吃懒做的齐人都娶了一妻一妾，我怎么还没女朋友呢？"小天脸上略带悲伤。

"小天啊，你可是优质男，无论是性格还是家庭条件都不错，放心，这事托付给我。"于律师打起了包票。

蔡新笑着说："凡事都讲究个缘分嘛。"

"我来给你们讲个感人的故事怎么样？"卉卉刚从外面回来，

听了大家的谈话后说道。

大家拍手称好，卉卉讲了下面的故事。

一对相爱的年轻人结婚了，婚后二人非常恩爱。不幸的是，男孩儿在一次出差中因车祸死亡，女孩儿很悲伤，长时间走不出来。从此，她每天都写日记，写自己对男孩儿的思念。每年清明节，她都去给男孩儿扫墓。她知道这个男孩儿喜欢喝啤酒，喜欢吃爆米花，于是，她每次去的时候都在男孩儿的墓前摆上啤酒和爆米花，念自己写的日记。走的时候，她会用两个杯子倒上啤酒，自己喝一杯，在墓前倒一杯。一连十年了，她始终没有再嫁人。

小天说："太感人了，我都想哭。"

于律师说："这种从一而终的故事确实感人，但对活着的一方却未必公平。女孩儿一个人空守着爱情，孤苦伶仃，岂不是太苦了。"

蔡新说："我赞成于律的说法，爱情故事从邂逅开始，到忠贞结束。但这种忠贞一旦和生死挂上钩，就有些残酷。"

于律师对蔡新说："您说，是不是我们这些老男人看透了人生，却看不懂爱情了呢？"

蔡新叹了口气说："可能越活越现实了。"

卉卉笑着说："可能你们的爱情更现实了吧。"

蔡新说："我讲个积极的故事。"

古代一个名士的妻子死了，朋友前去吊唁，却看见他一点儿都不悲伤，坐在地上敲着瓦盆唱歌。

朋友生气地说："这个女人跟着你，帮你孝敬老人，给你生孩子，给你洗衣做饭，现在人死了，你还敲着瓦盆唱歌，你还是人吗？"

名士放下瓦盆，叹了口气说："她死了我也难过，不过我想，生命就是一场轮回嘛，就像一年四季，不断更替，不断演变，她死了，说明她安寝于天地之间，不用在我身边劳累了，这是好事，我何必守着她哭泣呢？"

于律师说："我看过这个典故，这是'庄周妻死，方箕踞鼓盆而歌'的故事，它启发我们，放下悲伤，乐观地看待死亡。"

小天说："不过，我们可学不来。"

卉卉点头说道："当然学不来了，我们又不是哲人。"

八

王先生来到律所咨询，蔡新和卉卉一起接待。

王先生说，妻子侵犯了他的生育权，他想向妻子索要赔偿。

王先生和妻子结婚四年多。妻子是外企公司高管，结婚前，妻子要求和他签《财产协议》，约定财产归各自所有。王先生心里觉得别扭，但还是签了。

王先生的妻子很强势但不小气，王先生和她结婚后，住在妻子的房子里，房子一百多平方米，装修也不错。并且，妻子每月还给王先生一万元，用于俩人生活上的开支。

王先生迫切希望能和妻子要一个孩子，但结婚四年，妻子一直没有怀孕。他问妻子，妻子说不知道怎么回事。王先生仔细观察才发现，妻子一直在采取避孕措施，也就是说，妻子不希望要孩子。王先生非常生气，他觉得妻子剥夺了自己的生育权。

王先生说："蔡律师，您说说，我和她过得有什么意思，财产是各自的，连个孩子都不想跟我生。"

结婚到底为了什么，这是一个难解的话题，可能每个人有各自的需求吧，蔡新想。

卉卉问王先生："你跟您爱人谈过这个问题吗？"

"我质问过她，她说等工作不那么忙了再考虑要孩子。"王先生露出无奈的表情。

"那就别着急，等一等呗！"卉卉安慰王先生。

"她在骗我，我能看得出来。我不想等，她已经浪费了我四年多的感情，我作为一个丈夫，是有权利要自己的孩子的，她不配合不说，还欺骗我，我要向她索赔。"

蔡新说："您这个赔偿要求无法得到法律支持啊。"

"生育是夫妻同样的权利，她采取避孕措施不要孩子，这不是剥夺了我的生育权吗？"王先生提出了疑问。

蔡新回答："您确实有生育权，但当你们两个人的生育意愿有了冲突，法律会倾向于保护妇女的权益。也就是说，如果您爱人不希望生育，法律不能强迫，这是她的生育选择权。"

"生育选择权不是应该由我们一起决定吗？"

"不是这样的。"

·妇女的生育权·

《妇女权益保障法》第三十二条规定，妇女依法享有生育子女的权利，也有不生育的自由。

"您爱人的选择权是受到法律保护的。"

"那我的权利就不是权利了吗？"王先生显得很生气。

"我理解您的想法，但不能强迫她要孩子呀。毕竟，女人在生育这件事上要承担的责任更多，因为孩子在女人的身体里孕育，更多的危险要由她来承担，她也是最了解自己的身体的。"

王先生显得很委屈，他对蔡新说："蔡律师，您想啊，我们约定了婚后财产归各自所有，万一将来谁变心了，我们就一拍两散了。这样也行，我也认了，但她总得跟我要个小孩儿吧，要不我结婚图啥呀？"

蔡新想，思想达不成共识，婚姻确实会出问题，于是他对王先生说:"还得多沟通,好好跟她相处,要孩子这事你一人着急没用,要达成共识才行。"

王先生说:"我们当初结婚时,她并没有说不要孩子,现在却是这个结果,我有些接受不了,我甚至怀疑,我只是她的一个暂时伴侣而已。"

"婚姻对谁来说都不是小事,应该不会的。"蔡新劝慰王先生。

王先生伤心地说:"她欺骗了我,让我对婚姻很绝望。"

"不要这么想,她可能也有她的压力,您还是回去和她好好沟通吧。婚姻就是要互相尊重,互相体贴。"

王先生想了想,又问又道:"如果我们在婚前有了协议,婚后一起要孩子,但是婚后她又反悔,这样我可以要求她承担合同违约责任吗?"

蔡新想了想说:"合同约定,受法律保护。但是,和刚才说的一样,关于要小孩儿的问题属于双方对生育权的选择,涉及人格权,没法用合同约束。所以,您无论是向法院提起合同违约之诉,还是侵权之诉,法院都会驳回的。"

王先生叹了口气,说:"好吧,我回去再跟她沟通一次,我要下次再来找您,大概率就是离婚的事情了。"

九

蔡新刚开完庭,这个庭开了四个小时。

蔡新代理的是一个离婚案,对方当事人证据特别多,仅用于夫妻共同生活的票据就一大堆。法官很有耐心,一张票据一张票据地质证,金额也是不厌其烦地反复算。法官这种认真的精神,让蔡新佩服不已。蔡新想,这样较真的法官越多越好。

蔡新发现手机上有一条未读微信："老五，我来北京了，不忙的时候咱们聚一聚可好？"

发微信的是蔡新的小学和初中同学，名字叫"鲁金山"。他管蔡新叫老五，源于他们在初中时，五个要好的同学搞了一个结拜仪式，蔡新最小，排行老五。鲁金山排行老二。

鲁金山学习成绩非常好，高考后被一所知名大学录取，毕业后被一个央企校招录用，并留在上海。现在在一个研发部门任副职领导。

"二哥，你啥时候来的？"蔡新拨通了鲁金山的电话。

"老五啊，我早晨刚到，在西城这边办事。晚上有时间吗？咱哥儿俩喝两杯。"

"二哥来了，再忙也有时间！"

"这样，你找我吧。你坐地铁或公交过来，别开车，我这就把定位发你。"

蔡新挂了电话，心想，这个二哥，跟以前一样，喜欢管着自己，心里涌上一股温暖。

人们常说，真正的友谊不会被时间冲淡，蔡新非常赞成。

晚饭时间，蔡新坐地铁到了二哥分享的位置。一个徽菜馆，地方不大，但很幽静。蔡新进去后，二哥已经在里面等着了。

二哥个子不高，戴着眼镜，文质彬彬的样子。蔡新知道，这只是二哥的表面。上小学的时候，蔡新个子就比二哥高，但遇到事情都是二哥在保护他。

二哥学习好，不喜欢惹事，但对校园里的混混，他并不畏惧。二哥的自信有底气，他喜欢跑步和打沙袋，并且，他爆发力非常好，学校的百米冲刺纪录还是他当年保持的。

记得初三时有一次放学回家，蔡新在路上被三个地痞围住。一个地痞拿着小刀在蔡新眼前比画说："不给钱，就放你的血。"二哥正好赶上，把蔡新挡在身后。地痞看二哥比蔡新个子还矮，轻蔑地说了声："你想找死吗？"

二哥淡定地说："我弟弟他没钱，让我们走吧，过两天我请你们吃冰棍。"地痞一口吐沫吐在二哥身上，骂道："你当我们傻是不是？不给钱别想走。"

"你给我擦了。"二哥指着衬衣上的唾沫对地痞说。

没想到，另一个地痞上来，对着二哥又吐了一口。

二哥跳起来，对着拿刀的地痞一个嘴巴，动作干脆利索，挨打的地痞压根没反应过来，二哥反手一个嘴巴，打在另一个地痞脸上。二哥迅速地再用手掌一切，第一个挨打的地痞的刀就到了二哥手上。

丢刀的地痞气得挥拳就往二哥身上招呼，二哥一脚踹在地痞的肚子上，地痞倒地不起。二哥拿刀比画一下，另外两个吓得连话都说不出来了。

二哥潇洒地挥了挥手："老五，我们走！"接着回头对那三个地痞说："刀我就没收了，不服可以再找我。"

留下几个地痞，一脸惊惶。

"菜都点了，二哥还带了瓶好酒。"二哥说完，从包里拿出一瓶酒。

"二哥，今天必须喝我带的酒，这是给你留的。"蔡新也拿出一瓶酒。

二哥哈哈一笑："行，喝你的酒。"

蔡新说："这就对了嘛！"

"老五啊，北京到上海这么方便，以后咱们得定期聚。"

"好啊，听二哥的。"

"那就定了，每年至少两次。"

哥儿俩边吃边聊，也喝了不少酒。

二哥的脸明显红了起来。

"老五啊，你是专门做婚姻案子的，对吧？"

"没错，二哥，我主要做婚姻家庭纠纷的案子。"

"那你帮我分析下，二哥这种情况，应不应该离婚。"

听完这话，蔡新心里突然一惊，在他眼中，二哥是一个完美的男人，为人坦荡，有担当还有能力，不应该出现婚姻问题啊。

"二哥，可别瞎说。"

"家家有本难念的经，你知道二哥的难处吗？"

"那这样，二哥，你就好好跟我说说你现在有啥问题，看我能不能给你出出主意，能不能帮到你。"

二哥把眼镜摘了，擦了擦，放在了桌子边上。抿了一口酒后，缓缓地向蔡新说了他的苦恼。

二哥和妻子在一起十几年了，俩人是经人介绍认识的，妻子的老爸还是二哥所在央企的一个中层领导，现在退休了。

妻子比较强势，很多事情都喜欢较真。二哥为人比较大度。所以时间长了，妻子总喜欢挑二哥的毛病，比如，说二哥跟领导不会来事，职位进步太慢；生活上不会关心人，家务也不会做。

时间一长，二哥很烦，于是，他开始喜欢出差，一有外出学习的机会他就报名参加。

"这也不是办法啊，二哥。"

"我知道，我们的婚姻肯定是出了问题，但问题出在哪我真的想不好。"

"二哥啊，我倒是觉得，跟你的性格有一定关系。"

"怎么呢，你说说看。"

"你比较孤傲，不善于跟上级维护关系，这是性格原因，改变不了，也没必要改变。但是，你不喜欢挑别人的错，这就产生问题了，和你相处的人意识不到自己的错误在哪。"

"你再接着说。"二哥喝了一口酒，摆摆手让蔡新继续。

蔡新也喝了一口酒，说："我先陪你一口。"

"婚姻嘛，既要有合作，也要有监督。合作自然不用说了，比如，男人上班赚钱，女人勤俭持家；监督呢，就是一个人有错误，另一个人要指出来。"蔡新说完，夹了一口菜。

"那我应该是监督环节做得不够好。"二哥又喝了一口酒。

"肯定的，二哥的性格就是，能自己来的自己来，不给别人添麻烦。"

"你说得太对了，我就是这么一个人。"二哥附和道。

"家庭和社会都是一样的，它不但需要契约，还需要制约。如果一个人在家庭中说一不二，那就很可怕，因为没有制约的权力是最可怕的。而你，从不喜欢指出嫂子的缺点，时间长了，她就会忽略你的感受。"

"你说得太对了，权力确实需要监督，我们俩就是这种状态，她总是在挑我的问题，而我从来不说她的缺点和毛病。"

"所以，你是有责任的，二哥。"

"老五，你说得有道理。"

"二哥，我还是劝你好好跟嫂子谈谈，把大家的问题都说出来，这样对彼此都好，要不然心里难受，也折磨自己，对吧？"

二哥若有所思地点点头，没有说话。

"二哥，我做了这么多的婚姻案子，发现一个问题，就是夫妻之间，不能有一方过于强势，否则，要么婚姻不长久，要么双方都不幸福。所以说，你一定要学会表达自己的观点。你看过三毛的《稻草人手记》吗？"蔡新又问了二哥。

"我看过，我还想过，我是否就像米盖这个男人一样，结了婚后就失去自己了。"

"这个叫米盖的男人，是个好男人，也是一个可怜人，婚前不拘小节、待人真诚，但是在结婚后，花钱小心翼翼，身边一点儿零钱都没有，有些人可能会想，都是贝蒂的错，贝蒂太贪婪，不给自己男人一点儿尊严。其实，我倒是觉得，这个米盖的责任最大。"

"我想过离婚，但是一直在犹豫，婚姻有问题可能还会影响到工作。"

"总之，婚姻不是小事，毕竟在一起这么多年，孩子也这么大了。"蔡新端起了酒杯。

"嗯，我懂的。"二哥点点头，也端起酒杯。

哥儿俩又喝了一会儿酒，很快一瓶白酒见底了。

二哥对蔡新说："咱哥儿俩就喝这些吧，你看呢？"

"嗯，喝多了伤身，咱们来日方长嘛！"

二哥住的酒店就在附近，蔡新和二哥像小时候一样，勾肩搭背地走出了餐馆。蔡新把二哥送回酒店后，自己打了一辆出租车，回了家。

在路上，蔡新看到二哥的微信："二哥朋友不少，但好朋友不多，以后常联系。"

蔡新感觉眼睛有点儿发酸，回复道："你是我最好的哥哥。"

人就是这样，走着走着，感觉丢失了很多东西，包括我们的真情，变得不那么容易打开自己的心扉了，但回头一看，才发现它们并没有丢失，只是藏在我们心底最柔软的地方而已。

十

范堂有个年龄相仿的朋友，老艾。

一天，范堂接到了老艾的电话："老范啊，出来喝两杯吧，陪我解解闷。"

"又遇到啥烦恼了？"

"出来我跟你说。"

老艾和范堂都是部队转业的，俩人很投脾气。老艾从部队转业后，分配到了一家国企工作。他老伴儿去世大概十年了，就一个儿子，目前经营一家企业，人也孝顺，经常给老艾零花钱，所以老艾比一般的同龄老人都有钱。

范堂到了老艾指定的饭店，老艾还特意定了一个小的雅间。

范堂进去，看老艾菜都点好了，几个小菜，一瓶档次还不错的白酒摆在桌子上。

"哎呀，老伙计，看来喝好酒还得找你呀！"

"那你以后就多跟我近乎近乎。"

坐下后，老艾给范堂倒了一杯酒，接着跟他诉说了自己的苦闷。

老艾说，他最近找了一个老伴儿，没有领证，俩人搬到一起住了，没想到的是，住了一段时间，老艾就不想和她在一起了。现在，老艾很苦恼。

"老艾啊，找个老伴儿是好事，俩人情投意合的话，就不要轻易分开了，毕竟咱们都这么大岁数了，找一个合适的不容易。"

"老范，你说得没错，但是，她虽然人不错，事情却很恼人。"

"那你给我说说看，我来帮你分析下。"

"我还是给你讲个故事吧。"

单身松鼠安妮和单身松鼠蒂克商量着过冬的事。蒂克说："你搬到我这里住吧，我的窝又大又暖和，我还准备了很多过冬松果呢！"安妮欣然同意，于是两只松鼠搬到了一起。蒂克发现，安妮并没有过冬的果实，于是它就问原因。安妮叹着气说："过冬的果实都给孩子了。"

蒂克多了个女伴儿，本来是很开心的事情，但是蒂克发现，安妮经常把好的松果藏起来，说要留给小松鼠吃，这让蒂克很不开心。让蒂克更不开心的是，安妮又对蒂克说："你的窝又大又暖和，能不能和我的孩子换一换呢，它的老婆又生了一窝小松鼠，窝里太拥挤了。"

"老艾，你这个故事很形象，我明白了你的苦恼。本来你想跟人家过个二人世界，但没想到她最大的世界是自己儿女。"

"老范啊，要不我怎么愿意找你沟通呢，我觉得你一句话就能说到我的心坎里。"

"这也是没有办法的事，人老了，重心都会转移到儿女身上的。像我那个不争气的儿子范河，以前我根本都不在乎他在哪，现在，几天不来，我就心里惦记。"

"老范，你是知道我的，我这人，对钱财不是太重视，但是，我不喜欢别人跟我藏着掖着。她自从跟我在一起后，总是把我给她的钱给她儿子。"

"老艾啊，你这就小心眼了，你给了人家的钱，人家自己舍不得花，给自己的儿子怎么了。"

"光这个还能忍，她看我的房子大，还对我说，这房子这么大，都浪费了，要不让我儿子也过来一起住吧。"

"这就有些过分了，那你答应了吗？"

"没有，我没答应。"

"那我倒是挺同情你了，老艾。"

范堂和老艾干了一杯酒，老艾把酒杯蹾在桌子上，叹了一口气，说："你说，我们这么大年纪，找个人消消停停地过日子，怎么这么难呢？"

"其实呢，不是难，而是我们年龄越大，越缺乏安全感。每个人都在打着自己的小算盘，担心将来一旦生了大病怎么办，万一卧床不起怎么办，万一没钱了又怎么办！"

"可是，她跟着我，不会吃亏的呀！"

"你说得不对，你的还是你的，你给她的毕竟是有限的，她呢，对自己的儿女好一点儿，也希望儿女将来对她好一点儿。说句实在的话，万一你走她前面，她可怎么办呢？"

"你说得还是有一点儿道理的。"老艾点点头。

两人又干了一杯酒。

"从你的介绍来看，我觉得她儿子过得可能不怎么好，要不她也不会啥都想着他。"范堂摸了摸自己的上衣，掏出了一包烟。

"不许抽烟，早就说过你，怎么就管不住自己呢！"老艾训斥了范堂。范堂讪讪一笑，把烟放回兜里。

老艾接着说："老范，你说得对，她儿子在一个物业公司上班，每月才赚几千块钱，日子过得确实拮据。"

"对啊，哪像你，有房，有退休金，儿子又有出息，还经常给你钱。你不了解她的世界，就不要给她太多的指责。"

"你的意思是，我们原本就是两个世界的人，对吗？"

"对，你们走到了一起，肯定有很多不一样的地方。"

"唉，这是很难办的事情。"

"那你要自己考虑好了，到底能不能在一起，如果真的喜欢跟人家在一起，就要容忍她很多东西，如果不想在一起就分开。"

老艾自己喝了一杯酒，又把酒杯蹾在桌子上。

"你说的简单，可哪有那么容易，不过，你有些话还是说到了我的心里。我回去好好想想。"

"行，好好想想，酒咱们就不喝了。"

"还有半瓶酒，这酒不错，你带走吧。"

"那我就不客气了，不过，下回再给我，就给我个满瓶的。"范堂开心地把酒瓶揣进怀里。

范堂走在路上想，能有个人平平静静地跟着自己走过一生，何尝不是一种极致的浪漫呢!

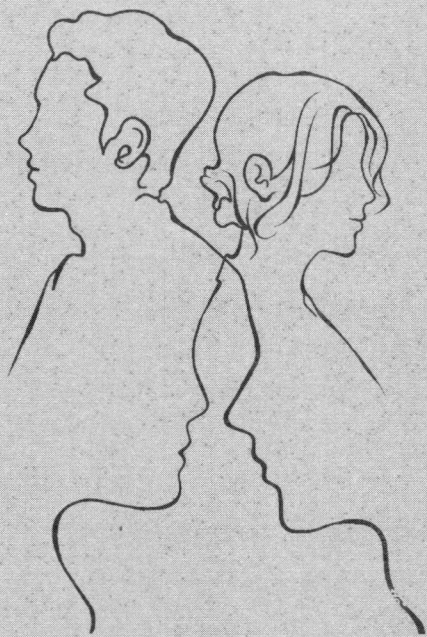

第六章

婚姻财产

一

蔡新感觉胸口不舒服，小颖催促他去医院检查。蔡新在医院拍了胸部 X 光片、验了血，才发现虚惊一场。医生叮嘱他，多锻炼，不要给自己太大压力，多去空气清新的地方放松。

人到中年压力大，上有老下有小，怕得病，怕失业。一旦倒下，影响的不仅是自己，更是背后的家庭。做别人的依靠，不要做别人的负担，这不仅仅是蔡新的想法，其实每个中年男人的愿望都是一样的。

下午，蔡新回到了所里。

卉卉正在写一份起诉书，小天在整理证据材料。蔡新问他们俩："上午有客户咨询吗？"

卉卉扭过头说："蔡律，有客户来电话咨询，他婚前买房子，婚后出租，但他妻子却把租金给了自己的弟弟。他问，这租金属于个人财产还是他和妻子的共同财产，还说准备和妻子离婚。"

小天边装订材料边说："租金给了小舅子就离婚，感情太脆弱了吧！"

"有因必有果，罗马肯定不是一天建成的。"卉卉笑了笑。

卉卉说完，让蔡新想起代理过的一个案子。

张先生和妻子经别人介绍相识并结婚，感情一直很好。让张先生很不开心的是，妻子每月工资三分之一都给了自己弟弟，还经常帮弟弟还债。张先生想，都是人家自己赚的钱，自己不好干涉。但有一件事却让他无法忍耐：张先生摇中一个小客车号牌，让多年摇号不中的他兴奋不已，于是决定立即买车。他的预算是二十万元。预算这么多，张先生是有底气的。他婚前就存了十五万元，结婚后交给妻子保管。他想再凑几万元就能买一台心仪的车了，想想都兴奋。他相中一款车，兴冲冲地准备带妻子去看车。没想到妻子一句话让张先生的心掉进冰窖。原来她背着他把十五万元都借给弟弟了。妻子说，弟弟用这笔钱买房结婚付首付，她只有这么一个弟弟，不想委屈他。张先生听完后，瞬间崩溃，心想，不想委屈他，那我呢？于是，张先生开始连续几天不回家，并决定跟妻子离婚。

张先生介绍完自己的情况后，蔡新说："您和您妻子感情基础不错，不要一时冲动，否则就会'此情可待成追忆'了。"

张先生摇了摇头说："蔡律师，我虽茫然，但不惘然。我小舅子是个无底洞，从小被父母和姐姐宠坏了，工作挑三拣四不说，都三十岁的人了，还想找家里要钱。我改变不了我老婆的想法，只能改变自己的婚姻了。"

蔡新想起一句话，道不同不相为谋。婚姻也是一样，你总是不在意对方的看法和感受，对方跟你在一起走得不舒服、不愉快，随时都有中途下车的可能。

蔡新说："我倒是觉得，您和妻子应该谈谈，告诉她您的底线，她帮她弟弟没问题，但不能触犯您的底线。"

张先生说："这十五万元钱就是我的底线。我因为信任她让她保管我自己的钱，还跟她说，如果家里急用钱就拿去用，可平白无故地给了我小舅子算怎么回事！"

蔡新说："理解您的想法。但您的妻子可能只是一时心软，您还是要跟她聊聊，看能不能让她弟弟给您一个还款的承诺。"

张先生答应了蔡新，说回去跟妻子再深谈一次。

不过，遗憾的是，张先生还是起诉离婚了，因为他和妻子达不成一致意见。但是，法院没有判离。

六个月后，张先生再次起诉离婚，法院支持了他的诉讼请求。

张先生争取到了孩子的抚养权，因为张先生父母一直带着孩子。法院还认为，张先生妻子借给弟弟的十几万元，属于张先生婚前财产，妻子虽然负责保管，但是只构成委托关系。她要向张先生全部返还。

蔡新把这个案子的经过讲给了卉卉和小天。

卉卉长叹一口气说："以我的性格，多亏没弟弟，否则很容易成为'扶弟魔'。"

蔡新想，婚姻一方如果从不考虑对方感受，只按照自己的逻辑、想法行事，那么婚姻就会像棉花里埋着炸药一样，一旦引爆，后果十分可怕。

蔡新问卉卉："客户的问题你是怎么回答的？"

卉卉说："婚前房屋的租金属于孳息，属于婚前财产。"

"说得对。"蔡新点点头。

"什么是孳息？"小天自从开始学法律，就特别喜欢提问。

卉卉说："我来回答你吧。"

小天又问："那婚前的鸡，婚后下的鸡蛋也算孳息了呗！"

蔡新说："鸡蛋当然属于孳息，我举个例子吧。"

小敏嫁给了富裕的养鸡专业户小天。一天，小天跟小敏把鸡蛋拉到集市上卖掉。回家的路上，小敏说："鸡蛋卖了这么多钱，你就给我买件衣服吧。"小天说："不买，鸡蛋是我的婚前财产，你难道不懂吗？"

卉卉说："这样小气的男人，可嫁不得。"

小天说："上了贼船，可不好下呀。"

卉卉说："你这叫什么话。"

"我的意思是，婚都结了，反悔是有代价的。不过，鸡是小天婚前财产，但婚后俩人一起饲养，算作孳息对小敏不公平。再说，鸡饲料的钱小敏也有份，她还帮着卖鸡呢！所以，例子中的小天应该给小敏买衣服。"小天认真地分析道。

蔡新说："小天说得有道理，把它认定为婚前财产，不考虑婚后所付出的人工成本和物质成本也不合适。"

小天说："对呀，小天和小敏结婚后在鸡上所投入的资金和精力，都属于夫妻共同成本。"

"夫妻共同成本，这名词第一次听说。"卉卉笑着说道。

蔡新笑着说："我来下个结论吧，作为鸡蛋，它虽然属于孳息，但应该属于有条件、有期限的孳息。像刚才小天所说，鸡蛋中体现了小敏的劳动价值、婚后投入的生产资料还是夫妻共同财产。所以，鸡在俩人婚后下的蛋，应该属于夫妻共同财产。"

小天和卉卉表示赞成。

小天说："看来蔡律比我激进。我的想法是，小天应该给小敏买件衣服，剩下的钱自己存起来。"

"瞧你的小气劲儿吧！"卉卉撇嘴嘲笑了小天。

"我只是探讨法律问题，再说，小气的人更能推动社会进步，因为较真。"小天一脸的无辜。

蔡新说："咱们再分析下面这个例子。"

小天和小敏结婚了。结婚后一年，小小天出生。小天感觉生活压力变大，于是向小敏提出，自己要创业。小敏问小天："创业的钱在哪里？"小天说："我有十万块钱的婚前财产。"小敏问："我想知道，如果你赚钱了，那算夫妻共同财产吗？你赔钱了，我需要承担什么？"

卉卉说："赚钱就是投资所得了，肯定是夫妻共同财产。"

小天问："你说得没错，但像小敏所担心的，赔了钱呢？"

"俗话说'嫁汉嫁汉穿衣吃饭'，赔了就赔了呗。再说，婚姻本身也是一种投资嘛！"卉卉向着女人说话。

蔡新说："赚钱了，小天也是受益人。投资肯定是有风险的嘛！"

"就是说，赔了就自认倒霉呗！"小天嘟囔了一句。

"这种心态可不好找女朋友呀！"卉卉不忘打击小天。

蔡新哈哈一笑，说："再跟你们说一种情况。"

小天和小敏结婚。婚后，小天看上了一套房子，就跟小敏说："我想买套房子。"小敏说："哪有钱呀，咱们的工资月月光，等攒够钱再说吧。"小天说："不瞒你说，我有笔婚前财产，够全款买房了。"小敏说："那可太好了，不过，这套房子算咱俩的吗？""当然不算，这是我的个人财产，跟你没一丁点关系。"小天坚定地回答。

"道理没错，但这种聊天方式不对呀！"卉卉又为小敏鸣不平。

"宁在直中取，不向曲中求，例子中的小天性格直爽而已。"小天解释道。

"你这比喻，驴唇不对马嘴的。"卉卉嘲笑了小天。

蔡新说："从法律上说，小天的婚前财产从货币转化成固定资产，并没有改变婚前财产性质。小天话说得不好听，但确实是这么回事。"

蔡新又举了下面的例子。

小天的婚前资产有十万元钱，他还喜欢炒股。小天和小敏结婚后，看好了一只股票并满仓。结果，这只股票没有辜负小天，让小天的资产翻了两倍。小敏问小天："你的股票赚了这么多钱，给我买件衣服吧。""这是我婚前财产赚的钱，跟你没啥关系。"小天断然拒绝了小敏。

卉卉说："炒股赚钱是投资所得，应该是夫妻共同财产。"

小天说："不对，这是婚前的钱买的股票，跟小敏没关系。"

蔡新说："卉卉说得对，即使是婚前财产买股票，赚钱了依然是夫妻共同财产，因为这也是投资所得。"

小天问："如果是股票分红呢？"

卉卉说："股票分红属于孳息，这就是婚前财产了。"

· 股权收益是否属于孳息 ·

《最高人民法院关于冻结、拍卖上市公司国有股和社会法人股若干问题的规定》第七条明确，基于股权产生的股息以及红利、红股等属于孳息。

"也就是说，婚后所买股票上涨的收益是投资所得，属于夫妻共同财产；如果分红或者扩股，就属于孳息，属于个人财产了。"小天恍然大悟。

　　蔡新说："是这样的，我来总结下吧。"

· 婚前财产婚后收益如何区分 ·

　　婚前财产投资收益属于夫妻共同财产，而买房、租金、孳息等收益个人财产性质不变。《民法典婚姻家庭编司法解释（一）》第二十六条规定，夫妻一方个人财产在婚后产生的收益，除孳息和自然增值外，应认定为夫妻共同财产。

　　卉卉说："咱们说的股票的收益，确实不好区分呀！"

　　蔡新说："没错，无论股价上涨，还是基于股权本身的收益，都属于收益。再把它区分为婚前财产和婚后财产，不好区分不说，还容易产生矛盾。"

　　小天说："对呀，总不能老公买了一堆股票，老婆没事就去他的股票账户核对，这是你新买的股票赚钱有我一半，这是你的分红收益跟我没关系。如果这样，感情还咋处呀！"

　　卉卉笑着说："还有一句，赔了可别找我呀！"

　　蔡新说："总之，股票婚前购买、婚后一动不动，还是个人财产。婚后买股，就是投资所得。基金、期货、债券也是一样。以后遇到客户咨询，知道怎么答复就行。"

　　"我觉得，应该在结婚前买分红多的股票，结婚后放着一直不动，那样就一直是个人财产了。"小天在一边喃喃自语。

　　"小天还在算计哪！"蔡新在一旁笑了。

"你结个婚，还得防着老婆呗！"卉卉在旁边不满地说道。

蔡新说："从税法和财务角度来看，不管分红所得，还是股票增值，都定义为投资收益。这一点《婚姻法》应该借鉴。"

卉卉说："您支持孳息也算夫妻共同财产，对吗？"

蔡新说："没错，婚后收益，应该算夫妻共同财产，这样纠纷少，夫妻凝聚力也强嘛！"

"这才是一个有担当的男人。"卉卉夸奖了蔡新。

小天嘟囔着说："你又针对我了。"

"你想多了不是。"卉卉一脸坏笑。

"好吧，我不跟你计较。蔡律，您再给我说下，什么是自然增值吧！"

蔡新说："自然增值范围很广了。"

·什么是自然增值·

自然增值是指夫妻一方财产在婚姻存续期间的增值，该增值的原因是因通货膨胀或市场行情的变化所致，与夫妻一方或双方是否为该财产投入物资、劳动、投资、管理等无关，是在财产所有人拥有的财产因所有人以外的变化因素的存在而出现的价值增长状态。

[摘自《最高人民法院民法典婚姻家庭编司法解释（一）理解与适用》]

小天点点头说："我听明白了。不过，我声明，我的股票投资不管婚前婚后买的，都有我未来的老婆一半。"

卉卉撇撇嘴说："这话跟我们说有啥用！"

一

蔡新和卉卉在洽谈室一起接待客户。

客户小何是个年轻小伙儿，穿着一件米黄色的套头帽衫，个子高高的，一看就是个阳光大男孩儿。

蔡新经常犯和同龄人一样的毛病，喜欢感叹岁月。当他看到这个青春洋溢的男孩儿时，不禁感慨——青春真好。

小何介绍了自己的情况。

小何和前女友潘小姐同居两年后分手。同居期间，俩人共同买了一套北京郊区的新房，首付七十几万元，也是俩人共同出资。小何一共向潘小姐转账四十五万元，潘小姐凑了二十几万元。之所以用潘小姐的名义买房，因为小何和潘小姐都是外地户口，但只有潘小姐的社会保险缴够五年，也就是说，只有潘小姐才有北京购房资格。房子购买后登记在潘小姐名下。但他们同居两年后，因感情问题导致了分手。

小何问蔡新："蔡律师，我想知道的是，房产登记在她的名下，她不给我，我能把钱要回来吗？"

蔡新说："您怎么证明您的出资呢？"

小何说："我转给她的钱有转账记录，通过银行卡、支付宝都转过。但她否认我给她的钱是购房款，她说是赠与和房租。"

卉卉问小何："就是说，她一分钱都不想给您，对吗？"

"可不嘛，她说我转的钱跟房子一点儿关系也没有。"小何显得有些委屈。

蔡新想了想，对小何说："您在转款的时候有附言吗？"

小何说："没有附言。但有一次出差的时候，我们俩用微信聊天，提到了我给她转钱的事儿，当时我已经转了三十九万元，我还说，这三十九元万如果不够，我可以再跟家里借。"

蔡新说："行，这证据就很好，结合转账记录，应该能证明这是您交给她的购房款。"

小何说："还有一次，我们在微信里聊到房子怎么装修的事，她还选了装修风格给我看，这个能算证据吗？"

蔡新点了点头，说："可以作为证据使用的。"

"您买房出了这么多钱，她怎么说您一分钱房钱没出呢？"卉卉很不解。

小何说："我也不知道，现在打电话也不接了，微信也不回。"

相爱的时候恨不得为对方死，分开的时候恨不得对方死，蔡新想到这儿，暗自叹了口气。

蔡新说："从您介绍的证据关联性看，基本能确定，你们是为买房而筹钱，并且您转账给她的事实。"

小何问："那这套房子应该有我的份额吧？"

蔡新说："你们之间并不具有婚姻关系，但共同出钱购置了房产，如果没有任何约定的话，应该属于按份共有。"

"什么意思？一人一半吗？"小何露出疑惑的表情。

"不是这样的。"蔡新笑了。

·恋人共同购置的房产归属·

《民法典》第三百零八条规定，共有人对共有的不动产或者动产没有约定为按份共有或者共同共有，或者约定不明确的，除共有人具有家庭关系等外，视为按份共有。第三百零九条规定，按份共有人对共有的不动产或者动产享有的份额，没有约定或者约定不明确的，按照出资额确定；不能确定出资额的，视为等额享有。

小何又问："那我能要回房子吗？"

蔡新看了一眼卉卉，示意卉卉回答。卉卉说："房子您是拿不到的，因为北京购房的资格只有她有，所以，建议您还是主张购房款吧。"

小何问："那就是说，钱能要回来，对吧？"

卉卉说："大额转账结合微信证据，这个在法律上问题不大。难的是小额的，法官可能会认为是你们同居期间的生活开支。"

小何很豪爽地说："我不计较那么多，能拿回一大半的钱，我就知足了。如果我条件宽裕，我就不要了。"

"您很善良嘛！"蔡新表扬了小何。

卉卉想，人确实应该善良一点儿，善良了才不纠结得失。

"唉，正因为我条件不宽裕，她才离开我的。"小何的表情瞬间变得悲伤。

"因为这个就跟您分手了？"好奇是女人的天性，卉卉也不例外。

小何说："她公司的老板追求她，给她买衣服、首饰，给她多发奖金，她就觉得人家比我好。那个老板还对她说，'男人用雄心征服世界，用钱包征服女人。'然后她就被征服了。"

听小何说完，蔡新没说什么，心里想，感情的事情说不好对错，但金钱如果成了判断男人是否值得嫁的标准，这还是爱情吗？

"这说明她并不适合你，从某种程度来说，你们分开也不是坏事吧！"卉卉安慰了小何。

小何又问了几个问题，蔡新和卉卉一一作了解答。

最后，小何对蔡新和卉卉说："那我的事情就拜托两位律师了。"

卉卉说："您放心，我们会尽全力的。"

卉卉带着小何办理了委托手续。

小何的案子很快就立案了，案由是：不当得利纠纷。

没过几天，蔡新接到了法院的电话，法官问蔡新，当事人是否接受调解。小何已经和蔡新表明了自己的态度，于是蔡新向法官表示，当事人愿意接受调解。

对婚姻家庭纠纷案件，法院会组织庭前调解，也喜欢调解结案。这样有利于纠纷的解决、节约司法资源，还不会产生社会矛盾。

被告潘小姐也接受了调解，于是法院组织了调解庭。

调解庭当天，蔡新、卉卉和小何一起走进了法院。安检时，小何看见潘小姐一个人进来。小何像古龙小说里的侠士一样，简单打了个招呼："你来了。"潘小姐说了声："嗯，我来了。"

卉卉是个心细的女孩儿，她看了一眼潘小姐，又看了一眼小何，猜测潘小姐对小何应该很有感情，沿着这个思路判断，今天的调解能成功。

调解员组织开庭，并宣布了调解庭纪律。

调解员是一位中年妇女，蔡新能感觉到这是一位身经百战的调解员。果然，开庭后，调解员动之以情，晓之以理，耐心地给双方做了很多建设性的工作。

蔡新趁热打铁，代表小何做了一个表态，试探性地做了两万元的让步，但潘小姐不同意。

于是，蔡新从证据的角度入手，提出己方的证据足以证明借款的金额和事实。调解员又适时地做了双方的工作。最后，小何和潘小姐达成了共识，潘小姐向小何返还三十九万元。

调解员形成了调解笔录，到庭几人在调解笔录上签字。

开完庭，当蔡新和卉卉从法院旁边的停车场开车出来，远远还看到小何和潘小姐站在街边互相对视。

蔡新摇了摇头，笑了笑，把方向盘转了一个圈，调头开向了回所里的路。

卉卉不禁问蔡新："您笑什么呢？"

蔡新反问："你猜！"

三

范堂给范河打电话，态度很严厉地让范河到家里来。

范河知道父亲找自己啥事，他不想去，但不敢不去。范河从小就怕父亲，即使到了这么大年龄，依然有些惧怕。

范河知道自己不对，但他觉得自己是有苦衷的。麻小丽不懂自己，儿子范团不理自己，这让他很孤单。他只有在小雅身边，才感觉轻松自如。小雅愿意听他倾诉，愿意陪他说话。无论他说什么，她都喜欢听。在小雅那里，他找回了久违的自信。

范河忐忑地来到了父亲家。他进门后，站在门前不动。张阿姨把范河带到了范堂的会客间兼书房，范堂正在里面写字。张阿姨转身出来，带上了房门。张阿姨想，毕竟自己不是范河的亲生母亲，也不好说什么。

范堂把毛笔放下，问范河："说说吧，你跟那个小雅到底怎么回事？"

"我跟小雅也没什么呀！"范河还是想狡辩一下。

"我都去你那房子了，也见到她了。我虽然年龄大了，但是耳不聋眼不花，也没变傻。"

"既然您去了，那我也不瞒您了，我觉得小雅人挺好的。"

"瞎说，你跟小丽结婚这么多年，她不好吗？小丽对你要求过啥？你打她骂她，她想过跟你离婚吗？她给你生养儿子，屎一把尿一把带大了，还得给你做饭，她有过怨言吗？"

一番话说得范河哑口无言，但他心里却不以为然。他心想，感情的事情能说清吗，能用感恩代替吗？

"还有，你把房产都准备赠给那个小雅了，我问你，那房子是你自己的吗？人家小丽没份吗？"

"您可是胳膊肘向外拐了，那房子是我用我结婚前的钱买的，这您可是知道的。"

"你别这么说，这个我真不知道。"

"爸爸，看来您真的老了，年代一久远您就记不住了。"

"君子明是非，这就够了。我问你，这套房子你真的打算给人家吗？"

"是的！"

"你还给人家写了保证书，对吗？"

"是的！"

"儿子，你这么做，到底图什么呢？"

"爸爸，我是为了爱情。"范河突然变得很坚定。

"还爱情，跟你踏踏实实过日子的女人你不珍惜，你懂什么是爱吗？从小就在你身边长大的儿子想跟你断绝关系，你懂啥是情吗？"范堂痛心疾首地摇了摇头。

"爸爸，感情的事情，您就别掺和了。"

"不，这事情我一定要管，我觉得你把房子赠给别人，不征得小丽同意，法律都通不过。"

"您这么肯定吗？"

"我当然肯定了，我最近也在看法律书呢！"

"老爸啊，我听说经常看法律书有损脑细胞，您还是安心养老得了。"

"你的鬼话我才不信呢，这样，我给蔡律师打电话，请他来解答一下。"

"好吧，我听着。"

范堂拨通了蔡新的电话。

蔡新正好这会儿不忙，在所里和于律师聊着最近上映的某部律师剧。

于律师端着个保温杯对蔡新抱怨说："这部电视剧简直在侮辱律师的智商，哪有律师互相排挤的，好不容易有个合作机会，交朋友还来不及呢！"

蔡新笑着说："平常心嘛，看着图一乐，那么较真干嘛！"

于律师还是不依不饶地说："作为编剧，一定要懂专业，才能拍出专业的好东西来，否则会误导观众。比如说，女主人公十年没做律师，经人介绍进了律所，这太不符合实情啦，按道理说，这十年她即使没怎么干活，那她肯定是把执业证挂在某个律所，否则，她早就不是律师了。"

"您说得没错。还有，女主人公一到所里，就被老律师刁难，让她打印一大堆材料，这怎么可能！"受到于律师的感染，蔡新也吐槽一下。

"这一点确实太不合理，他也不给开工资，凭啥给他干活儿呀！要是我的话，把案卷摔他脸上，让他一边待着去。"卉卉也凑上来吐槽。

"还有，一大堆律师凑在一起开会，不现实，至少在咱们所看不到。"小天也顺便吐槽一下。

卉卉想了想说："不对呀，问题这么多，咱们还都看，这说明啥？"

于律师哈哈大笑，说："说明咱们也不聪明呗！"

正说着，蔡新听到电话响了，他接起了电话。

范堂在电话中说："蔡律师，不知道这会儿您是否有时间，我有个事情想向您咨询下。"

"范老先生，您说吧，这会儿有时间。"

范堂打开免提。

"蔡律师，这事您一定要帮我，我儿子，也就是范团的爸爸，他要把房子赠给一个女人。我想向您咨询两个问题：第一，这房子他说是用自己的钱买的，没他媳妇的份，可这是他婚后买的；第二，他把房子平白无故赠给人家了，能要回来吗？"

蔡新回答："咱们先说第一个问题，也就是这套房子是婚前财产还是婚后财产的问题。请问您儿媳她怎么认为呢？"

"我们全家都一致认为，房子是婚后财产买的。"

蔡新心想，这个范河也是把人都得罪尽了，连自己的老爹都不维护他。

"这房子是我用做生意赚的钱买的，是我结婚前赚的。"范河实在忍耐不住了，冲着电话喊道。

"您是范河本人吧。"

"您好，蔡律师，是我本人。"

范河很希望蔡新能向着他说几句话，但这念头只是一闪而过，比流星可能还快那么一点儿。

范河知道，按照普通人的善恶观，他肯定是错的，但自己要坚持，因为自己不是普通人。

"我来问您，您说房子是婚前财产买的，那是什么时候呢？"

"那可久了，还是一九九九年呢。"

"这是问题的关键，你用婚前财产买的，但买房时间是你们婚姻存续期间。从法律上来说，没有任何相反证据，只能认定为夫妻共同财产。您强烈认为是您的个人财产，您就得自己来举证了。"蔡新忽然觉得，对待房产是不是范河婚前财产这件事，自己有点儿幸灾乐祸的心态。

"这证据不好找，时间太久了，当时用现金买的，根本没留存证据啊。"范河摇头叹息，如果时光能倒流，他一定回去把证据做足。

"还是我来说吧，这小子当时确实赚了些钱，但买房时他和他媳妇已经结婚五六年了，他说用婚前的钱买的，这话我都不信。"范堂插了一句。

范河说："那时候我们在摊位上收钱、上货都是用现金，买房用现金也是正常的嘛！"

蔡新说："您可以这么解释，但证据不足以让法官采信呀。"

范堂说："蔡律师这么说，我就踏实了，还有，他准备把这套房子赠给一个女的，这可以要回来吗？"

蔡新说："您这两个问题在法律上是有逻辑关系的，如果这套房子确实属于婚内财产，那么范河没有权利把它赠给别人，也就是说，即使赠与了，作为范河的爱人麻小丽，也有权利要回来。"

·夫妻一方能否将房产赠与他人·

《民法典》第一千零六十二条第二款规定，夫妻对共同财产，有平等的处理权。第三百零一条规定，处分共有的不动产或者动产以及对共有的不动产或者动产作重大修缮、变更性质或者用途的，应当经占份额三分之二以上的按份共有人或者全体共同共有人同意，但是共有人之间另有约定的除外。

可见，对于房产或者大额财产来说，夫妻一方私自处置财产，应属无效。

范堂开心地说："您这么一说，我可算一块大石头落地了。我还有一个问题，他给人家写了保证书，如果房产给不了，就补偿现金给人家，这在法律上能生效吗？"

范河暗自瞪了父亲一眼，心想，您倒是一块石头落地了，我可是心都无处安放了。

蔡新说："这和您上面的问题是一样的，无论他承诺的是房产，还是较大的款项，都无权赠与，因为这属于违反公序良俗的行为，也是侵害婚姻相对方利益的行为，在法律上是无效的。"

范堂连声道谢。

挂了电话后，范堂对范河说："怎么样，你听见律师怎么说了吧，别自己瞎打小算盘，你这就叫聪明反被聪明误。"

"这都哪跟哪啊！"范河听蔡新解释完，感觉有些恼火，但是又不敢在父亲面前发泄。

"唉，这可怎么办呢？"范河不禁长叹一声。

范堂倒是显得很开心，他高兴地对范河说："自己的梦自己圆去吧！我还得告诉你，我跟小丽说了，你要再敢欺负她，我就找你算总账。"

四

蔡新对小天和卉卉说："我这有个案例，是离婚了复婚，复婚了又离婚，还要区分属于婚内财产还是婚前财产，你们想不想听呢？"

小天说："当然想啊，我就喜欢听离奇的案子，我还喜欢看《神探狄仁杰》呢！"

卉卉说："我也喜欢看侦探小说，最喜欢看《福尔摩斯探案集》了。"

蔡新说："婚姻法案子可没那么悬疑。我把这个案例编成了个故事。"

小天和小敏结婚三年，但感情越来越差，谁看谁都不顺眼。于是，俩人去民政局协议离婚。他们在协议中约定，小天在一年内向小敏支付十万元，作为对小敏的补偿。

半年后，小天找到小敏说："我凑不出这十万块钱，要不，咱们还是复婚吧，这钱呢，我慢慢凑给你。"小敏一听，觉得这主意不错，小天除了懒惰，人还不坏。于是，俩人复婚。

又过了一年，日子又回到了从前的模样。小敏对小天说："咱俩还是分开吧，我发现心已经不在你这了。"小天说："既然你心都不在了，我留你的人干吗？"于是，俩人又去协议离婚。

小敏对小天说："你欠我那十万块钱啥时候给我呢？"小天说："来吧，咱们算算账，第一次离婚时候，我答应给你十万块钱，咱俩之间产生了债权债务关系。但是，咱俩复婚了，债务也混同了，它已经是咱们的共同债务了。所以说，咱俩应该是岁月静好，一拍两散，互不相欠。"小敏想了想，觉得没错，就默默走开了。

小天说："案例中的这个小天很阴险，他找小敏复婚，原来是为了不还钱呀！"

卉卉对小天说："没想到，白白胖胖的你居然是这种人！"

"我怎么会呢，我可是个善良的人。"小天摇头。

蔡新哈哈大笑起来，说道："善良的人从不给自己贴标签。你们分析下，案例中的小天说得对吗？"

卉卉说："小敏就是被绕糊涂了，这笔钱的性质不会变，还是她的个人财产。"

小天说："可是他们离婚的时候，这笔钱没给，后来复婚，就不用还了，也没错啊？"

卉卉说："我给笨笨的你解释下吧，小天和小敏第一次离婚，双方形成了债权债务关系。那么，这十万元就作为了小敏的个人财产，也属于小天的个人债务。俩人再次结婚了。婚前财产和婚前债务并不混同。"

蔡新说："卉卉说得没错，即使俩人再次结婚，债权债务关系依旧不变。只要不过诉讼时效，小敏依然可以主张自己的权利。"

五

这天早晨，小天出门前，小天妈过来神秘地对儿子说："儿子，你能不能问问蔡律师，你要是结婚的话，能不能签个婚前财产协议呢？"

"妈，我现在女朋友都没有，谁跟我签啊？"

"儿子，我已经托付好几个姐妹了，这就帮你介绍女朋友。"

"等您介绍来再说吧！"

"儿子啊，我昨晚算了下，你爷爷奶奶、我和你爸，一共可是六套房子，三套都在三环内，我怕你找个媳妇惦记咱们的房子啊。"

"妈，我跟您说，婚前财产就是婚前财产，不会因结婚而改变，您的担心完全没必要。"

"你就听我的吧，赶紧跟蔡律师咨询下，这个婚前协议怎么签。"小天妈板着脸训斥了小天。

"好好好！"小天一脸无奈地答应了妈妈。

上午的时候，小天看蔡新不忙，赶紧问："蔡律，我想跟您咨询个事情。"

"说呗，啥事。"

"签了婚前协议，法律认可吗？"

"婚前协议的目的是约定财产，俩人只要商量好就没问题，法律也支持。"

· 夫妻可否约定财产 ·

《民法典》第一千零六十五条规定，男女双方可以约定婚姻关系存续期间所得的财产以及婚前财产归各自所有、共同所有或者部分各自所有，部分共同共有。约定应当采用书面形式。

"现在签婚前协议的情况多吗？"小天很好奇。

"不知道，反正我没签过。"蔡新回答得很干脆。

小天问："那一般什么情况需要签婚前协议呢？"

"应该有三种吧。第一种，一方的财力雄厚，跟另一方结婚时担心别人跟着自己图财；第二种，对方的财力雄厚，担心对方以为自己图财；第三种，双方都比较独立，对自己的权利比较看重。"蔡新边分析边思考着。

小天心想，我妈就是第一种的心态，自以为资产雄厚呢！

卉卉插了一句："我要是嫁给一个亿万富豪，他提出要签婚前协议我肯定同意，但要约定婚内补偿和离婚补偿条款。"

"我早说过，娶媳妇娶了女律师，还是得掂量掂量。"小天叹了口气。

"总不能便宜都让别人占了吧！"卉卉反驳。

蔡新说："卉卉说得在理，作为婚前协议，既确定了财产的归属，也划分了彼此的责任。一方提出签婚前协议目的是给自己设立一道安全防线，另一方提出条件无可厚非。"

"对呀，就是这个理儿。"卉卉露出开心的表情。

"我说不过你们俩，弃权了。"小天无奈地表示。

卉卉和蔡新都笑了。

卉卉说："不过嘛，我不大赞成签订婚前协议，因为婚姻就意味着两人要走过一辈子，算计那么多，俩人怎么过呀！"

蔡新点了点头。

蔡新很欣赏卉卉的一点是，她的价值观很正，这无论对女人来说，还是对律师来说，都非常重要。没有正确的价值观，女人在大是大非面前无法把握自己；律师在利益和正义之间会偏离自己。

小天说："签婚前协议确实有不好的地方。不签的话，一方病倒了没钱，对方出钱那是责任；如果签了婚前协议，再让对方出钱，只能是怜悯了。"

蔡新说："夫妻有互相扶养扶助的义务，一方出现重大疾病，另一方要给予资助，即使彼此约定财产，义务依然存在的。"

"就应该这样，朋友有难还拔刀相助呢，何况夫妻！"小天露出一副豪爽的表情。

卉卉对小天赞赏地说："你这才像个男人说的话！"

·婚前协议可否约定扶养义务·

扶养义务属于夫妻间的法定义务，不可以约定。《民法典》第一千零五十九条规定，夫妻有相互扶养的义务。需要扶养的一方，在另一方不履行扶养义务时，有要求其给付扶养费的权利。

小天又问："那婚前协议都有哪些条款呢？"

蔡律说："好吧，我来说下。"

·婚前协议一般包括哪些内容·

《民法典》第一千零六十五条规定，男女双方可以约定婚姻关系存续期间所得的财产以及婚前财产归各自所有、共同所有或者部分各自所有、部分共同所有。约定应当采用书面形式……

1. 婚前财产的约定；

2. 婚后收入和家庭开支的约定；

3. 不动产归属权的约定；

4. 家务和照顾子女的约定；

5. 忠诚义务的约定；

6. 赡养义务的约定；
7. 家庭暴力的约束条款和补偿条款；
8. 一方出现财务危机的扶助条款。

卉卉说："如果一个女孩儿找一个经济条件好的男人，本想跟他好好地一起过日子，刚要谈婚论嫁，没想到对方跟她说，咱俩结婚前写个婚前协议吧，你说这多给人添堵啊！"

"你说得对，男人这么做会让女人望而却步。"小天若有所思地表示了赞成。

六

无论是久别重逢的友情，还是不期而遇的爱情，都值得期待。对于卉卉来说，虽说爱情未至，可是久别重逢的友情来了。

卉卉近十年未见的高中同学丹丹来北京了。她提前一天告诉了卉卉，让卉卉开心得晚上都没睡好觉。丹丹是卉卉的初中兼高中同学，两人当时关系非常好。高考后，她俩分别去了不同的学校。卉卉成绩好读了一个不错的本科院校，丹丹只考上一个专科学校。

丹丹大专毕业后匆匆嫁人了，当时卉卉还给她发了一个红包表示祝贺，但没有到现场见证好同学的婚礼也算一个遗憾。

丹丹这次来北京是转车，为了见卉卉一面，她特意在北京多逗留了几个小时。在北京站的出站口，卉卉接到了丹丹。两人好几年没见了，见面后感慨不已，当初的两个同学，经过了岁月的洗礼，感觉彼此都成熟多了。

由于丹丹只能在北京逗留半天时间，卉卉就把丹丹带到了国贸附近一家不错的北京菜餐厅，为的是让丹丹尝尝地道的北京菜。

"卉卉，你别跟我客气呀，咱们随便吃点儿东西就得了，我这次来北京就是为了和你见一面。"

卉卉拉着丹丹的手说："我哪会跟你客气，你好不容易来北京了，我请你吃顿北京菜是应该的。"

俩人聊了很多上学时候的往事，感觉彼此有说不完的话。

不一会儿，菜都上齐了，还有一份北京烤鸭。

"卉卉，这是我第一次吃北京烤鸭呢。"丹丹显得非常开心。

"以后常来，我带你吃各种好吃的。"看到丹丹很爱吃烤鸭，卉卉也开心得不得了。

丹丹说："你现在是大律师啦，得恭喜你啊！"

卉卉笑了笑，说："一个谋生的职业而已。"

俩人边吃边聊，聊了很多过去的事情。丹丹向卉卉介绍了她这十年来的变化，毕业后去了青岛，在青岛遇到了现在的老公，俩人恋爱结婚，并有了一个三岁多的女儿。

卉卉一边帮丹丹夹菜一边说："你好幸福啊，丹丹。"

丹丹笑着说："还好吧，平平淡淡的，我们俩在海边的旅游区开了一个店，主要卖些海产品。"

"有自己的事业，那不挺好的嘛！"卉卉突然觉得自己挺羡慕丹丹的。

"我这个店是我公婆他们投的钱，我们只是经营而已。"

"人要学会知足嘛。"卉卉安慰着丹丹。

丹丹喝了一口饮料，对卉卉说："卉卉，你帮我分析个事，我的店是我公婆的，万一我和老公离婚了，这个店还有我的份吗？"

"傻话，怎么突然想到这个问题呀？"

"我也是问问，因为我老公有个弟弟，他也想要这个店，我和老公还因为这个店吵过架呢！"

"他弟弟参与经营了吗？"

"没有，这个店我公婆经营了两年多，但不赚钱，自从店交给我们后就开始赚钱了。我还是比较会经营的，我上的货就是比别的店好卖，价钱还不贵。但他弟弟总想插手这个店，所以我就担心呀！"

"你们把店接过来多久了？"

"三年多了，我们结婚后接的。"

"这个店的所有者不是你。如果你公婆把它给你老公的弟弟经营，你是阻拦不了的。"

"假如我们离婚了，店也没有我的份，对吧？"

"从法律上说是这样，你和你老公只能算经理而已。"

"我就是担心这个，店现在越来越赚钱了，我怕将来为他人作嫁衣呀！"

"店的经营主体能变成你们俩吗？"

"我跟他说过，他不同意，他说因为这个店把哥儿俩关系闹僵了不好。再说，当初我公婆投了十几万元在这店里，也是希望他们哥儿俩将来日子好过一点儿。"

"这个店是你们一手做起来的，如果担心他弟弟，还不如各占股份呢！"

"个体户没法占股份吧？"丹丹露出疑问的表情。

"那就改成公司，按照大家的能力、贡献，把股份划分好。"

"我要是这么提，合适吗？"丹丹显得犹豫。

"俗话说得好，亲是亲、财是财，我倒是觉得你可以提，再说，店是你把它做起来的，你的能力他们也能认可吧！"

"那倒是，这样我才能踏实经营，即使我们分开，还是有我的股份的。"

"没错，就是这个道理。"

"好吧，那我回去跟他说。"

"说吧，不要碍于面子，毕竟这也是个隐患。"

"谢谢老同学，谢谢你这个大律师，给我解释得明明白白。"

"哈哈，我才是实习律师呀。不过，我跟着我师父处理了很多婚姻纠纷的案子，看了很多悲欢离合的故事，所以也给你提个醒。"

"这个我懂，所以我才问你店的事嘛！"

"以后想问啥，随时给我打电话就行。"

"好啊，有你这个大律师做同学，我有底气多了。"

卉卉说："别客气老同学，这次来了，你就在北京玩几天吧，我好好陪陪你。"

丹丹说："不啦，跟你见一面我就知足了。我车票也买好了，现在是旺季，那边人手不够的。"

两人吃完后，卉卉带着丹丹还逛了逛商场，之后丹丹就打车离开了。

丹丹坐上出租车走了很远，还在向卉卉招手，卉卉发现自己的眼睛湿了。真正的友情不会远离，只是藏在心里最柔软的地方而已。

七

自从范河听到蔡新对他的房子到底属于婚前财产还是婚后财产的解答后，心里一直忐忑不安，不知道怎么跟小雅解释，也不知道怎么面对这一切。

突然之间，范河感觉自己好孤单，心想，偌大个北京自己居然连个能说说心里话的人都没有。

深夜，范河走到了街边，找到一个卖麻辣烫的小摊，坐下要了两瓶啤酒和一碗麻辣烫。

他点上一支烟，放在嘴边，青烟缭绕，这才感觉舒服了些。

范河喝了几瓶啤酒，半醉半醒中，他想起了麻小丽跟自己说过，这二十几年她一直在容忍自己。范河想，如果自己是个女人，能不能容忍这样的自己呢？

范河知道，自己不是一个好丈夫，也不是一个好父亲。从这个角度来推理，肯定不是一个好男人。

范河这几天没回家，也没去找小雅，他不知道怎么面对这两个女人。对麻小丽来说，他心存愧疚，但是对于小雅来说，他向往爱情但又不敢承诺。

喝了几瓶啤酒，他的心有些飘飘然了。他打了一个车，到了小雅的家，也是自己的房子。小雅看见他进来，关心地问："怎么又喝多了，是不是不开心啊！"

范河没有说话，一屁股坐在沙发上。小雅快速地到卫生间打来一盆温水，用毛巾给范河擦了擦脸，边擦边对范河说："有啥不顺心的事跟我说说吧，说出来心里就能舒服了。"

范河想了想，纸里包不住火，有些事情还是瞒不住的，于是把蔡新解释的关于这套房子是否属于夫妻共同财产的情况跟小雅说了。

范河说："小雅，说实话，我真的希望把这套房子给你，但恐怕做不到了，因为前几天律师说这套房子是婚内买的，并且没有任何证据能证明是我的婚前财产，所以法院会认为是夫妻共同财产。"

小雅没说话，但是范河感觉到，她的脸色一下子就变了。

"小雅，你怎么了？"看到小雅这表情，范河的酒醒了一大半。

"也就是说，你跟我承诺的一切都是虚无缥缈的，对吗？"

"真的不是，小雅，我的本意不是这样的。"俗话说，一物降一物。别看范河在麻小丽面前经常是一副趾高气扬的样子，但是在小雅面前他真的硬气不起来，什么原因范河自己也不知道。

"那你说说吧，到底怎么回事。"小雅把毛巾摔到水盆里。

范河赶紧把范堂到家里找他以及和蔡新通电话的情况说了一遍，又倾诉了自己心里的烦闷。

范河告诉小雅，事情的发展超出了他的预期，他本想把这套房子送给小雅，作为俩人爱情的见证，之后再和麻小丽离婚，但是目前来看房子暂时是不能送给小雅了，只能等他先离了婚再说。

小雅问范河："你一共几套房子呢？"

范河诚实地说："三套。"

小雅给范河算了算，一共三套房子，给范团一套，剩下两套如果离婚范河可能只剩一套了。

小雅摇了摇头说："怎么你的话我一点儿都不信了呢！"

"你得相信我，我对你是真心的。"

"那你准备什么时候离婚呢？"

"你给我半年的时间吧，我还是要准备准备的。"

"你让我冷静一下好吗，今晚你去别的地方住吧。"

范河没说什么，默默地离开了。

八

接待完一个客户后，蔡新很有感悟地对卉卉说："每个离婚案件的背后，都曾经有一段美丽的爱情故事。"

卉卉说："如果把这两句话颠倒过来，就可怕了。"

"你说说看。"蔡新很好奇。

"看似美丽的爱情故事，都有可能走向离婚。"

"这种观点太消极了，要不得啊。"蔡新摆了摆手。

原来，蔡新和卉卉刚接受了客户庞女士的咨询。

原告庞女士三十多岁，和丈夫郑先生相识十几年了，他们俩可以说是青梅竹马，两个人在同一所中学念书，后来又考上了同一所大学。毕业后郑先生经过校招进了一家央企，庞女士应聘到了一家金融公司做财务工作。俩人经过了几年的打拼，在北京买了住房，并有了一个男孩儿。

这个故事如果到这里结束，那就是一个非常美好的爱情故事，从少年时的相知，到成年后的相守，两个人终于走到了一起，从此过上了幸福的生活。

但是，现实很残酷，就像"凤尾着粪"一样，完美的结局一经续写就成了一个很烂的结局。

庞女士的丈夫郑先生因为工作原因，需要经常出差，有时还要去国外，两个人可谓聚少离多。都说距离产生美，但距离更会产生隔阂。庞女士一次偷看丈夫的手机，才发现他背着她和别的女人好上了。

爱情掺杂了不好的东西注定会消失，庞女士是个眼里容不得沙子的人，她准备离婚。

郑先生同意离婚，现在两个人的争议在一套房产。庞女士结婚后不久，庞女士父母不忍心女儿租房子，就出钱买了一套房子，登记在庞女士名下。后来庞女士和郑先生的条件好了，又买了一套大点儿的房子。

郑先生认为，庞女士父母买的房子是在俩人婚后赠与的，应该按照夫妻共同财产来分割。但庞女士认为这是父母给自己买的房子，跟郑先生没有任何关系。

庞女士介绍说，她丈夫郑先生告诉她，根据《婚姻法司法解释（二）》的规定，庞女士父母赠与的这套房子确实是夫妻二人的。

庞女士问："他说得对吗？"

蔡新说："不是这样的，房产是以登记为要件，您父母把房产登记在您一个人的名下，应该视为赠与您个人的特别声明。"

· 父母购置房屋出资的处理原则 ·

《民法典婚姻家庭编司法解释（一）》第二十九条规定，当事人结婚前，父母为双方购置房屋出资的，该出资应当认定为对自己子女个人的赠与，但父母明确表示赠与双方的除外。当事人结婚后，父母为双方购置房屋出资的，依照约定处理；没有约定或者约定不明确的，按照民法典第一千零六十二条第一款第四项规定的原则处理。由此可以看出，对结婚前父母出资购房的情形，认定为对自己子女赠与的处理为一般原则，共同共有为例外原则。结婚后父母出资购房的情形，按照约定处理为一般原则。如果房屋只登记在自己子女名下，应推定为对子女个人的赠与。

庞女士说："听您这么说我真的很开心，要不，我爸妈用一辈子的积蓄给我买了一套房，还要分给他一半，我真的不甘心。"

庞女士说完，卉卉心想，相爱时无所谓你我，不爱时你死我活，反差为啥这么大呢？

蔡新说："那您真的考虑好要离婚了吗？"

庞女士说："考虑好了，我们俩也谈了，他也同意离婚，但非要和我分我爸妈给我买的这套房子，如果我不同意，他就不离婚。他还说，即使打官司，我也得输。"

蔡新说："只能通过诉讼解决了，对吧？"

庞女士说："没有别的办法了，只能打官司，我希望您能代理我的案子。"

蔡新点点头说："没问题，我可以代理。"

"那跟您签个合同吧！"庞女士倒是很爽快。

卉卉笑着说："那我来带您办下委托手续吧。"

庞女士走后，蔡新和卉卉回到了座位上。

卉卉问蔡新："庞女士父母在出钱买房子的时候，是不是写个赠与声明会更好呢？"

"那当然，写的话，就不会有这种纠纷了。"

九

上班的路上，蔡新从车内收音机中听了美国大法官弗兰克·卡普里奥的庭审：弗兰克为一个生活陷入困境的有三个孩子的被告免了交通违法的处罚，还询问被告的女儿吃没吃早餐，并要求被告即刻带小女孩儿去吃煎饼和牛奶。蔡新觉得很感动，联想到昨晚看的一部电影，电影场面确实很宏大，但是难以让人产生那种共鸣。蔡新想，好的电影应该是讲人性的，而好的法律应该是有温度的。

蔡新到了所里，看到卉卉和小天已经到了。

"早啊，蔡律！"卉卉和小天向蔡新打了招呼。

"早！"蔡新也向两人打了招呼。

卉卉对蔡新说："昨晚有一个客户向我咨询，他是北京郊区人，结婚十几年了，现在他们村里面临拆迁。他想了解的是，他妻子是外地人，如果拆迁，他妻子对拆迁款有份吗？"

蔡新说："拆迁所得分为两种，分别是房屋价值补偿和签约搬迁补偿，对于房屋价值补偿，一般情况下，属于婚前财产；但是对于签约搬迁补偿，是要作为夫妻共同财产的。"

卉卉说："我听说，有的拆迁补偿是按照户口上的人头数来补偿的。"

"确实存在这种情况，如果按照人头数，就在价值补偿之外了，这样属于夫妻共同财产。一般来说，各地的拆迁政策还是有不同之处的，有的按照面积，有的是面积结合人头数。"蔡新回答说。

小天说："咱们说过了婚前财产，这回您得给我们讲讲婚内财产了。"

蔡新笑着说："婚内财产，也就是夫妻共同财产，这个一定要好好学的。"

· 夫妻共同财产包括哪些 ·

《民法典》第一千零六十二条规定，夫妻在婚姻关系存续期间所得的下列财产，为夫妻的共同财产，归夫妻共同所有：

（一）工资、奖金、劳务报酬；

（二）生产、经营、投资的收益；

（三）知识产权的收益；

（四）继承或者受赠的财产，但遗嘱或者赠与合同中确定只归一方的财产除外；

（五）其他应当归共同所有的财产。

夫妻对共同财产，有平等的处理权。

蔡新问："对工资、奖金比较好理解，对于劳务报酬你们怎么看呢？"

卉卉说："劳务报酬应该包括兼职工资、外出授课、咨询啥的。"

小天说："歌星走穴、设计、中介，这些都是劳务报酬呀！"

蔡新说："你们说得都对，劳务报酬区分于劳动报酬。一般来说，个人的兼职行为所产生的劳务报酬是比较多的。"

"也就是说，工作之外赚点儿零花钱，还得交给老婆，对吧？"小天提出疑问。

卉卉说："交不交给老婆，都改变不了夫妻共同财产的性质。"

小天问："彩票中奖了也是夫妻共同财产吧？"

卉卉说："当然，彩票中奖属于偶然所得，当然是夫妻共同财产，再说了，你买彩票的钱也是夫妻共同财产啊！"

小天又问："那要用婚前财产买呢？"

蔡新回答说："买彩票本质上是一种投资行为，投资所得就是夫妻共同财产。"

卉卉说："蔡律您再说下知识产权吧，我觉得这块还是比较复杂的。"

蔡新说："知识产权属于智力型成果，它既有经济价值也有精神价值，体现在法律上就是财产权和著作权。关于经济价值，只要是婚内所取得，肯定是夫妻共同财产。"

小天说："要不您还是举个例子吧！"

于是，蔡新举了下面的例子：

小天是发明家，发明了很多有实用价值的产品，很多公司找他合作。其中一家公司准备出大价钱购买小天的一项发明。正赶上他要和小敏离婚，于是，小天提出，等他办完离婚手续再交易。

蔡新问："小敏怎么维护权利呢？"

卉卉说："我觉得小敏应该把发明专利的证据保存好，离婚后一旦发现小天把发明专利卖了，就向小天提出分割收益。"

小天问："不能提前要求分割吗？"

蔡新回答："知识产权没有变现时，小敏无法要求分割财产，因为小天对自己的发明有处置权。比如说，是否交易，跟谁交易，这都是小天的权利。"

小天说："那小敏很被动啊，比如小天在家搞发明，也会占用很多时间，这样都应该算作夫妻共同成本嘛。"

"又来了，哈哈。"卉卉看小天又提起"夫妻共同成本"，禁不住笑了。

蔡新说："我再举个例子。"

小天是一名画家，但是没名气，只能依靠妻子小敏的工资生活，房租、日常开销都得小敏负担。但乐观的小敏坚信，小天一定会成为一个知名画家。终于，小天有了名气，他的画从几百元一幅涨到上万元一幅，这让小天很膨胀，看看成名后的自己，再看看日渐消瘦成了黄脸婆的小敏，于是决定离婚。离婚期间，小天担心小敏会分走自己的钱，几百幅画一幅都不卖。

"这个小天，真不是个好人。"卉卉听完这个案例，显得很生气。

"唉，我成了你们案例中的主人公后，就没干过好事。"小天叹了口气。

蔡新说："如果你们作为小敏的代理律师，应该怎么做呢？"

小天说："我会要求例子中的小天变现。"

卉卉说："当初小敏太傻，就应该注册个经纪公司，再跟小天签约，这样小天爽约就要承担违约金。"

小天反驳道："谁心思如此缜密呢？小敏要是这么精明，那早把小天给算计了。蔡律，您怎么看？"

蔡新说："这和上一个例子有相同之处，小天作为画的著作人，有权决定这些作品收藏、赠与还是售卖。对于小敏来说，只享有这些作品变现的期待权，而不能擅自做主把画给卖了。"

卉卉问："那也太便宜小天了吧，难道就没办法收拾他吗？"

蔡新说："小敏也有一个办法，根据市场价给小天的画做评估，再要求小天作出适当补偿。"

·未取得经济利益的知识产权如何在离婚中分割·

《关于人民法院审理离婚案件处理财产分割问题的若干具体意见》第十五条规定，离婚时一方尚未取得经济利益的知识产权，归一方所有。在分割夫妻共同财产时，可根据具体情况，对另一方予以适当的照顾。

卉卉说："唉，遇到这种忘恩负义的男人，真是倒霉！"

小天若有所思地说："看来，法律只能解决一部分问题，主要还在于人心。"

卉卉说："婚姻真是一场赌博啊！"

"你们两个未婚青年，感悟还挺深。"蔡新笑了起来。

"对了，还有个人物品的问题，如果说，动用夫妻的积蓄给自己买的名贵物品，应该算个人财产吗？"小天又提出问题。

蔡新说："那我再举个例子。"

小天和小敏结婚后，俩人攒了几万元钱。好面子的小天相中了一块劳力士手表，非要买。他还对小敏说："男人就得有块好表来装点门面。"小敏咬了咬牙说，听你的吧！于是，小天把积蓄都拿来买表了。没想到的是，过了一个月，小天提出离婚。

蔡新问："如果这块表成了小天的个人财产，是不是对小敏太不公平了呢？"

卉卉说："这问题看着简单，其实不简单。按照《民法典》第一千零六十三条第四款规定，一方专用的生活用品属于夫妻一方的个人财产。那么，劳力士手表应该属于小天的个人财产。但是，小敏同意用夫妻共同财产给小天买手表，那是不是应该属于婚内赠与呢？赠与行为可不可以撤销呢？"

小天对卉卉说："按照你的思路，赠与行为都完成了，咋撤销呀！"

卉卉说："能不能认为，小敏的赠与属于附条件的赠与呢？她动用夫妻共同财产给小天买手表，是希望能跟小天长长久久，小天买表一个月就提出离婚，那么，她的赠与目的没有实现，就可以要求小天返还手表现金价值的一半了。"

蔡新说："卉卉说得非常好。还有一个思路，对于奢侈品来说，虽然属于个人物品，但它应该分为两部分的价值，使用价值和市场价值，这个市场价值是指超出使用价值之上的，如果离婚，使用价值部分为个人财产，而市场价值部就应该是夫妻共同财产了。"

小天说："非常好，跟着两位大律，学了很多实用的法律知识啊！"

"但你以后不能用来干坏事！"卉卉对着小天郑重地说。

十

范河发现，小雅从自己的房子里搬走了。走的时候都没跟自己说，也就是说，她搬去了哪里，范河根本无法得知。

偌大的北京就是这样，包括同事、朋友，一旦分开很难见面，如果不想联系，可能就是永别。

范河知道，他许诺小雅的房产没兑现，所以小雅离开了自己。范河想，为啥人都这么现实呢？

很晚了，范河突然想喝酒。于是，他进了一个小饭馆，没想到老板出来说了句："打烊了，明天再来吧！"范河默默地离开了，他突然觉得一个人孤单得连他的影子也会背弃他。

突然，范河接到了小雅的电话，范河很惊喜。

"你去哪里了，这段时间都把我给急死了。"

"你不用着急我，我有我自己的安排。我只是想说，你承诺的房子没给我，你想怎么补偿我呢？"

"这个，我当初也没有考虑到这套房子只能算婚内财产，我以为是我自己的呢。要不，你等等我吧。"

"我没空等你，你这满嘴谎话的家伙。"

没想到过了几天，范河收到了法院的传票。

小雅把自己给起诉了，原因就是当初范河给她写的承诺，承诺按照房产价值对她进行补偿，她决定跟范河要二百万元的补偿。

范河很着急，他打小雅的电话小雅不接，微信也不回。

范河找到了范堂。

"爸，您得给我一下蔡律师的电话。"

范堂问原因，范河一五一十地把小雅起诉自己的情况说了。

范堂一听说小雅起诉范河要二百万元，心里也跟着急，骂道："你这个败家的东西，一套房子都敢承诺给人家，你难道鬼迷心窍了吗？"

范河没有说一句话，因为他知道，自己确实是理亏。

范河想起一句话，里外不是人，他感觉这句话特别适合自己。对麻小丽来说，自己肯定是坏人了，出轨，还家暴，还私自处分夫妻共同财产；对于小雅来说，他也不是个好人，因为她承诺跟人家结婚、赠与人家房产都没实现。

范堂把蔡新的手机号给了范河后，范河迫不及待地给蔡新打了电话。打通电话后，范河把小雅起诉他的情况说了一遍。

蔡新问："你给人家写这个承诺，怎么考虑的呢？"

"不瞒您说，我也是一时糊涂。当时我们俩在一起的时候，我是真的喜欢她，所以就给她写了这个承诺书。"蔡新听得出，范河的表情应该是一脸懊悔。

爱情来了，谁还会考虑后果呢？蔡新记得一本书上看过这句话，但是作为有婚姻的范河，好像并不适合。

蔡新说："您得把起诉书给我看看。"

"这样，我给您送去吧，您什么时候有空呢？"范河显得很急切。

"明天过来吧，我把地址发给您！"

"行，我这个案子，就委托您了，也希望您能多费心。"

"等您过来，咱们面谈吧。"蔡新把电话挂了后，摇了摇头。

小天凑过来问："蔡律，又啥案子找您啊？"

蔡新把范河的案子跟小天说了一遍，小天问："咱们要是代理这个案子，把握大吗？"

蔡新自信地说："八成把握吧！"

十一

蔡新对小天和卉卉说："我提个问题，婚姻期间，一方接受他人赠与，这个算夫妻共同财产吗？"

卉卉说："能具体一点儿吗？"

蔡新说："我还是举个例子。"

小天和小敏婚姻期间，小天在河边看到一个富豪落水，赶紧下河把他给救了。为了表示感谢，富豪赠与了小天一百万元现金。小敏提出要保管，小天生气地说："这是我的个人财产，跟你有啥关系呀！"

蔡新问："小天说得对吗？"

小天说："我觉得是夫妻共同财产。"

卉卉说："这个要看富豪是赠给小天个人的，还是夫妻的。"

小天说："富豪总不会说'这钱是给你自己的，跟你老婆无关'，这不是挑拨人家夫妻关系嘛！"

蔡新说："见义勇为得到的奖金，属于夫妻共同财产，除非富豪明确只赠与小天一人。"

小天说："蔡律，您再出个有点儿难度的问题。"

"小天自信心膨胀了啊。"卉卉打趣道。

蔡新又举了一个例子。

小天为人豪爽，仗义疏财，为此，小敏跟他闹离婚，并向法院提起了离婚诉讼。离婚诉讼期间，小天看到一个白发苍苍的老人在路边乞讨，就带老人吃了一顿饭，给了老人两百元钱，还把老人带到家里住了一晚。老人非常感动，他递给小天一本拳谱，告诉小天，他是武林高手，但被仇家废掉了武功。小天只要照着拳谱认真练习，一定能成为武功天下第一的高手。

没想到，小天和老人的讲话被小敏偷听，她把拳谱偷走并复印，然后把拳谱烧了，照着拳谱复印件苦练，结果她练成绝世武功。

蔡新问："请问，小敏需要向小天承担什么责任？"

小天说："这应该参照商业秘密或者知识产权的法律规定来赔偿，对吧？"

卉卉说："不对，怎么评估拳谱的商业价值呢？毕竟这只是一个手抄本。"

小天说："法院可以判决她利用武功所创造的经济价值的一半利润，属于小天所有。"

卉卉说："对于小敏的绝世武功来说，它既有财产权，也有人身权，两人离婚了，它所创造的经济价值怎么能分小天一半呢？法官根本不会那么判的。"

小天拍了拍自己的脑门说了一句："还有一个非常好的办法。"

"听听你的馊主意。"卉卉说完，把自己逗笑了。

"法官可以判决让小敏自废武功。"小天挠了挠脑袋。

蔡新笑着说："那更不可能。《宪法》第三十七条规定，人身自由不受侵犯，小敏的武功无法作为执行标的。"

小天说："要不这样，判决小敏向小天传授绝世武功。"

"这也没法执行，万一小敏教错了一招半式，小天不知道，法院更不知道啊！"卉卉提出质疑。

蔡新说："没错，万一小天练得走火入魔怎么办？"

"只能按照印刷品的价格赔？"小天显得不甘心。

卉卉说："估计只能这样了，这还是小敏自认的前提下，如果小敏说，武功是我祖传的，那小天就没办法了。"

"不对，中国武功都是传男不传女。小敏要这么说，法官肯定不信。"小天表示强烈反对。

蔡新笑着说："我说的这个例子没有标准答案，只是给你们引导一个思路。像卉卉说的，拳谱的商业价值没法评估，赔偿标准不好确定。我只能说，你们的分析思路是没错的，总之，你们都很棒。"

"谢谢蔡律夸奖，我去给您倒水。"卉卉端着蔡新的水杯颠颠地跑向饮水机。

小天又问："再提一个问题，住房公积金账户余额，算个人财产还是夫妻共同财产呢？"

卉卉放下水杯，说："这个是夫妻共同财产。"

蔡新说："没错的，住房公积金由单位和个人各缴 50%，性质类似于工资补贴。并且，它的目的是改善住房条件，所以说，无论是公积金账户余额，还是用公积金买房，都属于夫妻共同财产。"

卉卉说："一个客户跟我咨询过，夫妻一方和企业解除了劳动关系，所拿到的经济补偿金或者破产安置补偿费，这个算夫妻共同财产吗？"

小天说："如果夫妻一方失业，就会有另一种可能，对方跟自己离婚。在这种可能的前提下，再把它算作夫妻共同财产，有些不公平啊。"

"你的意思是，夫妻本是同林鸟，大难来时各自飞呗！"卉卉很不满小天的话。

蔡新说："我举个例子吧。"

小天和小敏结婚十年后，小天失业了。原因是单位破产，但给了小天一大笔破产安置补偿费。小敏并不嫌弃小天，还是一如既往地对小天好，她对小天说："风雨过后是彩虹，一切都会好起来的。"这让小天很受鼓舞。一次，小敏发现家里没钱了，就对小天说："能把你的破产安置补偿费给我点儿吗？家里没米了。"结果被小天断然拒绝。

小天对蔡新说："蔡律啊，我要是被别人打死，一定是你的责任。"

卉卉笑着说："我觉得，破产安置补偿费应该算作夫妻共同财产。"

"卉卉说得没错。"蔡新点了点头。

· 破产安置补偿费是否属于夫妻共同财产 ·

《民法典婚姻家庭编司法解释（一）》第二十五条规定，婚姻关系存续期间，下列财产属于民法典第一千零六十二条规定的"其他应当归共同所有的财产"：……3.男女双方实际取得或者应当取得的基本养老金、破产安置补偿费。

"你看看你，你老婆跟你要点儿钱买米，你都不给，人家跟你要的可是夫妻共同财产啊。"卉卉指了指小天，故作生气。

蔡新笑着说："其实小天的分析也不是没有道理，破产安置补偿费有人身补偿的性质，它既是对劳动者工作年限的补偿，也是劳动者未来生活的一个保障，它应该考虑到婚姻存续时间，以及破产后短期内是否离婚，等等。"

小天开心地说："看，蔡律都是支持我的，耶！"

"别噎着！"卉卉白了他一眼。

十二

小天匆匆地从办公室外面跑了进来，对蔡新说："蔡律，来活儿了，有客户咨询问题，我把她安排到洽谈室了。"

蔡新放下手中的活，说："来活儿是好事，走，咱俩一起去接待。"

小天拿上自己的笔记本电脑，跟着蔡新一前一后地走进了洽谈室。

客户姓王，是一位中年妇女，个子不高，身材很匀称。小天向她介绍了蔡新后，她冲着蔡新很朴实地笑了，并介绍了自己的情况。

王女士和前夫一年前离婚。离婚时，双方在协议中约定，他们夫妻共有的一套两居室经济适用房归王女士所有，王女士补偿给前夫一定的现金。

但俩人离婚后，前夫向王女士哀求，希望自己能继续住在房子里。王女士心软，就答应了他的要求。于是，王女士搬回了自己的娘家。最近，王女士要求前夫腾房，前夫不但不同意，还把房子卖给了别人签了买卖合同，并收了预付款，还把房子交给买主使用。

王女士问："蔡律师，他这么不讲信用，我该怎么办呢？"

蔡新说："你们已经约定房子归您了，他没有权利处置这套房子。"

"我刚才没跟您说，房子还是我们俩人的名字，我也没过户。"王女士一脸的懊悔。

"唉，那您也够粗心的了。"蔡新也不禁叹了口气。

"那这样，他有权利处分这套房子吗？"

"他本人是无权处分的，但是买家如果符合善意取得的条件，您一样是要不回来这套房子的。"

"为什么呢，他既然没权利处分我的房子，我为啥要不回来呢？"

"法律规定，已登记的不动产，是以不动产登记簿来确定权利人的。假如您的前夫欺骗买主，让买主认为你们依然存在婚姻关系，并且他有权代表你来处理房产，那么你就要不回这套房子了。"

"那就一点儿办法没有了吗？"王女士一脸焦急。

蔡新想了想，问王女士："您刚才说的这套住房属于经济适用房，对吗？"

王女士回答说："对啊，就是经济适用房，属于拆迁安置的。"

"那您这套房子交付几年了呢？"

"不到四年吧！"

"经济适用房五年才可以上市交易，那他卖房的行为也不合法呀！"

"那可真是太好了，我应该怎么办呢？"王女士难掩一脸兴奋的样子。

"咱们可以起诉，让买主腾退房屋，确认他们的买卖合同无效。"

· 能否购买不具备交易条件的经济适用房 ·

经济适用住房是指政府提供政策优惠，面向城市低收入住房困难家庭所提供的具有保障性质的政策性住房。经济适用房的买卖要遵守法律法规、相关政策的限制上市交易期限。《国务院关于解决城市低收入家庭住房困难的若干意见》和住建部等七部委联合发布的《经济适用房管理办法》第三十条规定，购买经济适用住房不满五年，不得直接上市交易。

"可是人家已经把钱给他付了一部分，给了他大概八十万元。您刚才说买主要是善意取得的话，我就要不回来了，那要真是善意取得呢？"

蔡新说："如果经济适用房未满交易年限就交易，买主肯定不构成善意取得。因为国家政策已经限制了经济适用房的交易期限。买房人应该知道，或者调查后应该知道，经济适用房不满五年不得上市交易。在这种情况下，他还签订房屋买卖协议，并支付首付款，这种买卖行为法律是不会保护的。"

王女士说："要是他说，是我前夫欺骗了他呢？"

蔡新说："买房时他应该到房屋登记机关去查询呀，这是他的审慎核查义务，所以，他主张善意无过失，那是不可能的。"

"他要为自己的失误买单的。"小天在旁边补充了一句。

王女士说："那他付的几十万元怎么办呀？"

蔡新看看小天，小天知道蔡新在考他，于是对王女士说："依据合同无效或不当得利起诉，要求您前夫返还呗。"

蔡新想，这个王女士还是善良的。

王女士接着问："如果我们官司赢了，那我能用这份判决书去房产大厅申请把房子过户到我的名下吗？"

"不能的，您这个判决解决的是合同无效问题，您说的房屋过户到您的名下属于房屋确权问题。"

王女士说："那行，咱们先解决这个合同无效问题吧，我就委托您了，蔡律师。"

蔡新说："虽然我回答了您的问题，但是也不代表您的案子一定能赢，您明白吗？"

王女士笑着说："诉讼有风险嘛，这个我懂。"

第七章

婚姻债务

"陈大律，您很快就是红本律师了，帮我解答个问题吧。"小天歪着头对卉卉说道。

"问问题就说，跟红本有啥关系！"卉卉一边看判决书，一边瞪了小天一眼。

律师在实习期间拿到的实习证书是蓝色的，称之为蓝本律师。等正式执业后，拿到的律师执业证书是深褐色，称之为红本律师。

"你说，一个人婚前欠钱，结婚后没还清，那么就产生一个问题，他婚后所赚的钱是夫妻共同财产，如果他老婆不同意还怎么办？"

卉卉说："你这个问题不成立，婚前债务婚后依然要还，这个天经地义，他老婆无权阻止。"

"别说，小天这个问题还真的挺刁钻的。"蔡新不知道啥时候从外面回来了，站在小天身后。

"哈哈，蔡律也看出我具备学习法律知识的潜质了吧！"小天开始沾沾自喜。

蔡新肯定地说："当然，我一直看好你。所以，可不要辜负我。"

小天说："即使学习之路困难重重，我也要满怀希冀地勇往直前。"

蔡新说："好了，咱们回到刚才的问题，我来举个例子。"

小天欠大壮一千元钱，小天一直不给。小天和小敏结婚后，大壮到小天家要债。大壮看到小天和小敏正在大口吃烧鸡，生气地说："没钱还我，还有钱吃烧鸡。"小敏不慌不忙地说："你这可错了，小天现在赚的每一分钱，都是夫妻共同财产。"大壮想了想，对小敏说："那你们两口子一起还我钱。"小敏咬了一口烧鸡说："我又不欠你钱。"

小天说："这说出了我的担心，既然是夫妻共同财产，那么小敏对财产的支出是有决定权的。"

卉卉说："把个人债务还清，剩下的才是夫妻共同财产呢。"

蔡新说："我的思路是，夫妻财产是共同共有，那么对彼此收入确实有期待的权利，但是，债权人的期待权排在前面。"

小天说："我觉得蔡律这个解释还是蛮好的。"

卉卉说："确实是，和我的意见是一致的。还有，提这个问题的人也不是常人。"

小天问："你这是骂我、损我，还是夸我呢？"

"夸你，当然是夸你了。"卉卉笑着说道。

"个人债务能转化成夫妻共同债务吗？"小天又提出疑问。

蔡新说："当然可能了，咱们把例子稍微改动下。"

大壮到小天家去要小天婚前所欠的一千元钱。看到小天和小敏在大口吃着烧鸡，大壮对小天说："哟，没钱还债，不上班赚钱，还厚着脸皮吃烧鸡。"小敏把手里的鸡腿扔下，生气地站起来说："小天欠你的钱，我还了。"大壮赶紧拿出随身带的纸和笔递给小敏。

卉卉说："小敏属于第三人自愿加入债务，这个肯定产生法律效力的。"

"大壮还是很懂心理学的。"小天露出一种羡慕的表情。

蔡新说："还有一种情况，你们来分析下。"

负债累累的小天向小敏求婚，他花了十万元钱给小敏买了一枚大戒指。小敏看到了这么好的戒指，觉得小天对自己真好，就同意了小天的求婚。结婚后，小敏带着戒指四处走，被债主大壮看到，大壮说："这个戒指是欠用我的钱买的，给我。"小敏瞪了大壮一眼说："哪来的神经病。"

小天说："欠的是钱，也不是戒指，他哪有权利跟小敏要。"

卉卉说："大壮确实没权利要，但是可以向法院申请撤销赠与。"

"这个还可以做到吗？"小天露出不相信的表情。

"卉卉说得没错。"蔡新表示了肯定。

·债权人可否撤销债务人的赠与行为·

《民法典》第五百三十八条规定，债务人以放弃其债权、放弃债权担保、无偿转让财产等方式无偿处分财产权益，或者恶意延长其到期债权的履行期限，影响债权人的债权实现的，债权人可以请求人民法院撤销债务人的行为。

小天说："正好，我有个朋友欠我一万元钱不还，还老给女朋友买衣服、买包，请人家吃饭，这个我能撤销吗？"

卉卉说："吃饭撤销不了，买东西不买奢侈品，估计也是很难撤销的。"

小天说："明白了，用于日常生活的撤销不了。"

蔡新说："小天理解得对。我再举个例子。"

小天经常瞒着妻子小敏买彩票。他心里想的是，等中奖了给小敏买好衣服，买好吃的，还要带小敏出去旅游看世界。愿望是好的，但现实是残酷的，小天从来没中过奖。晚上，小天梦见一组号码，心想，这回一定能中大奖，于是跟大壮借了两万元钱，全部买了彩票，但还是没中。

"他买彩票是为了改善夫妻共同生活，应该属于共同债务吧？"小天表示出疑问。

卉卉说："哪有买彩票一买就买两万元钱的，还借钱买，明显是赌博行为。"

"彩票用在福利或体育事业上，没问题呀！"小天辩解道。

"蔡律，您认为呢？"卉卉向蔡新提问。

蔡新说："这钱应该属于小天的个人债务，花这么多钱买彩票，明显具有赌博的心态嘛！"

小天问："那结婚后借钱买股票、基金、期货，这算夫妻共同债务吗？"

卉卉说："投资所得是属于夫妻共同财产，但为了投资而进行的借贷不一定属于夫妻共同债务。"

蔡新回答："没错，投资借贷毕竟超出家庭日常生活需要了。如果说，小天喜欢炒股，喜欢加杠杆，背着小敏跟大壮借高利贷，这个钱让小敏跟着背债，是不是有些不公平呢？"

"如果这么做，他不是搏财，而是搏命啊！"小天感慨道。

"如果小敏知道小天高杠杆炒股这事，为了不还钱拒不承认，大壮怎么办呢？"卉卉提出一个新问题。

蔡新说："这个举证责任在大壮。"

小天叹了口气说："其实呢，法律的问题能分析，但人心不好分析呀！"

"把钱借出去，风险还是要考虑好的。"卉卉说道。

蔡新说："债权人谨慎一点儿的话，可以采用'共债共签'。"

小天问："什么是共债共签呢？"

　　夫妻共同债务，由夫妻共同签字确认。目的是保障债权人权利，并防止婚姻一方虚构债务，让另一方权益受损。《民法典》第一千零六十四条第一款规定，夫妻双方共同签名或者夫妻一方事后追认等共同意思表示所负的债务，以及夫妻一方在婚姻关系存续期间以个人名义为家庭日常生活需要所负的债务，属于夫妻共同债务。

　　卉卉说："这样好，既能保证债务人配偶知情权，也让债权人的利益得到保障。"

　　蔡新说："全部采用共债共签的话，也是不行，咱们举个例子。"

　　小天和小敏是一对恩爱夫妻。小敏常年在外地打工，小天最近失业了，家里也没米了。于是，小天找大壮借钱买米，大壮说："你失业这么久了，我怕你还不上，要是小敏借钱还行。"小天说："别怕，我借钱也是夫妻共同债务，再说我都要饿死了。"大壮说："除非你和小敏一起给我打欠条，我才借给你。"于是递给小天几个馒头，把门关上。

　　小天说："这说明一个问题，例子中的我声誉太差了。"

二

　　蔡新和卉卉在洽谈室接待了客户姚小姐，她介绍了自己的情况。

　　姚小姐从事服装设计师工作，五年前她和前夫窦先生相识结婚。刚结婚时窦先生对她非常好，温柔又体贴，他知道姚小姐喜欢吃好吃的，就带着姚小姐吃遍了北京的大街小巷。

结婚后一年多，姚小姐生下女儿。女儿出生后，窦先生突然迷恋上了网赌，输了很多钱，也欠了很多债。两年前，窦先生向债主温先生借了五十万元，没拿回家里，直接在外面还了赌债。这事姚小姐根本不知道。一年前，姚小姐和窦先生协议离婚，俩人约定孩子的抚养权和房子归姚小姐所有，俩人的债务各付。没想到，刚离婚不久，债主温先生就把姚小姐和窦先生告上法庭。更没想到，一审法院支持了债主温先生的请求，判决姚小姐对还款承担连带责任。

姚小姐说："蔡律师，这笔借款真的和我没关系，一审法院这么判我可太冤了，我想上诉。"

蔡新看了一眼判决书，落款日期是昨天。

蔡新问："判决书上说，您偿还了五万元借款，怎么回事呢？"

"他跟我说，以后好好跟我过日子，让我帮他渡过这个难关，我就从我父母手里拿了五万块钱，帮他还债了。"

"您是用自己的账户帮他还的，对吧？"

"是啊，他把温先生的账号发我，我就帮他还了，当时没想太多，但法院认为我对他的借款知情。"

"借款发生在你们婚姻关系存续期间，并且您离婚前履行了一部分还款义务。协议离婚时，唯一的一套住房还给了您，所以一审法官认为您对这笔借款知情，并且有转移财产的可能。"

"房子给我是因为付首付时我父母出了一大半的钱，另外，孩子也要我来抚养呀。我真后悔帮他还钱，本以为他能回心转意，不再赌博了呢！"

"原来是这样。"蔡新仔细看着起诉书。

"那您说，我这个案子上诉的话，能赢吗？"姚小姐问了自己最关心的问题。

"不好说，不过可以上诉。"

卉卉看到，蔡新说完，姚小姐的眼中露出一丝看到希望的表情。

姚小姐问："蔡律师，您也觉得一审法官判的有问题吧？"

蔡新笑着说："对一个案件来说，每一个法官的理解未必一样。我认为可以上诉的理由在于：窦先生所付的债是赌债，它属于恶债，这不属于夫妻共同债务的范畴，另外，它也超出你们家庭生活所必须的了。您和窦先生都有稳定的收入，没有用这笔钱的紧迫性。如果要证明这笔钱是夫妻共同借款，应该由债权人来举证。"

"对呀，我俩也没有开公司，借这么多钱没用啊，再说，我赚钱比他还多呢！"

"还有，您的还款行为和是否为夫妻共同债务，并不具有关联性。债权人如果证明是夫妻共同债务，就需要举证证明。"蔡新又补充了一句。

·夫妻共同债务的举证责任·

《最高人民法院关于审理涉及夫妻债务纠纷案件适用法律有关问题的解释》第三条规定，夫妻一方在婚姻关系存续期间以个人名义超出家庭日常生活需要所负的债务，债权人以属于夫妻共同债务为由主张权利的，人民法院不予支持，但债权人能够证明该债务用于夫妻共同生活、共同生产经营或者基于夫妻双方共同意思表示的除外。

姚小姐高兴地说："您解释得真好，一审时我请您就好了。"

"您请我打二审，也不能保您胜诉。"蔡新笑了笑，把判决书还给姚小姐。

"风险我是考虑到的，我要上诉的，跟您沟通完，我更有信心了。"

"那我带您去办委托手续。"卉卉最喜欢带客户办理委托手续了，因为这是一件很有成就感的事。

三

蔡新代理了范河被小雅起诉的案子，今天判决下来了，法院没有支持小雅的诉讼请求，换句话说，范河赢了这场官司。

法院认为，被告承诺原告赠与和房产价值相当的现金，属于双方的真实意思表示，但该赠与违反公序良俗原则，所以不具有强制执行力。

判决书直接邮寄到所里，蔡新把判决结果分别告诉了范河和范团。

范河听到胜诉的消息后舒了一口气，但没感觉到特别开心，内心却有些凌乱。

范团听到胜诉消息后非常开心，赶紧告诉了妈妈麻小丽和爷爷范堂。

麻小丽在电话中说："太好了，我还一直担心呢！"

范团说："担心啥，我蔡叔叔出马，官司肯定没问题。"

范堂开心地对范团说："晚上带着你妈来爷爷家吃饭吧，咱爷儿俩喝点儿酒。"

晚上，范团带着妈妈，还有女朋友小美，到了范堂家。

范团一进门，看到好几个菜都摆上了桌，其中还有自己喜欢吃的油焖大虾和红烧大黄鱼。范团抱住张阿姨说："谢谢奶奶！"张阿姨开心地笑了，眼里流出了眼泪。因为这是范团第一次叫自己奶奶，从前都在前面加了一个"张"字，一字之差意义却很不一样。范堂在旁边开心地搓着手，心里想，我孙子这回真长大了！

范堂还是第一次见到小美，见面后感觉这个女孩儿不错，很乖巧，也会处事，见面就大方地"爷爷""奶奶"地叫着，一点儿都不生分，还跟着大家一起忙活着做菜。范堂想，孙子眼光不错，选到一个这么好的女孩儿。

一大桌子菜很快就摆上桌，大家围坐在一起，但是没有范河。对于范河的缺席这件事来说，没有始作俑者，但好像都是始作俑者，因为大家都不想让他参加这个家庭聚会。范河也非常配合，既没回家，也没给任何人打电话。

范堂拿出一瓶酒说："来，我跟我孙子喝两杯。"于是，大家边吃边聊。

麻小丽对范堂说："爸，还有一个事呢，昨天家里来人说范河欠了他二十多万元，要我来还钱，还跟我说，再不给就起诉了，把房子执行了。"

"欠的是啥钱呢？"范堂不解。

"范河在网上买彩票，跟人家借的钱。"

"我爸就是这么一个人，在外面不惹点儿事就不是他了。"范团很生气。

"唉，也是我管教无方啊！"范堂懊悔地说道。

"爸，他都这么大岁数了，自己管不住自己，跟您有啥关系。"麻小丽安慰着范堂。

"老范，别上火，咱们商量商量怎么解决吧！"张阿姨担心范堂生气。

范堂端起酒杯，把杯中酒喝掉，对麻小丽说："这个钱他是否还不愿意还，我们不管他，反正你没有责任还这笔钱。"

"不是说，夫妻债务要共同承担吗？"麻小丽露出诧异的表情。

"不是的，你不用担心。"

"爷爷，那你得好好讲讲，到底为啥我妈不用还钱。"

"你爸借的钱用于赌博，这在法律上属于恶债，对于恶债，妻子是不用还的。"

· 恶债是否属于夫妻共同债务 ·

《民法典婚姻家庭编司法解释（一）》第三十四条规定，夫妻一方与第三人串通，虚构债务，第三人主张该债务为夫妻共同债务的，人民法院不予支持。夫妻一方在从事赌博、吸毒等违法犯罪活动中所负债务，第三人主张该债务为夫妻共同债务的，人民法院不予支持。

"爷爷，您可太厉害了，法律都能讲得这么头头是道。"

"这也是赶巧了，我今天看法律书正好看到这儿，所以就给你们解答了。"

"那我就放心了。"麻小丽松了一口气。

范团开心地说："咱们干一杯吧！"

于是，范堂、范团端起了白酒，张阿姨、麻小丽和小美端起了饮料，大家一起干杯。

世界就是这样，有人欢喜有人愁。

范河此时在干吗？他正在一个小饭馆喝闷酒。范河想，为啥自己的人生如此失败呢？他觉得自己正处在一个人生的路口，该去向何方自己也不知道。

蔡新正在拟一份代理词，刚好有客户来咨询。

"卉卉，你先过去接待，我马上就来。"蔡新把代理词保存好后，走进了洽谈室。

蔡新看到，客户是一位女士，三十几岁的样子，身材高挑，很时髦也很漂亮。

卉卉介绍说："这位是龚女士，她说是慕名来找您的。"

龚女士优雅地站起身，向蔡新伸出了手，说："我的一个朋友介绍了您，他说您非常专业。"

蔡新笑着说："谢谢夸奖。"

蔡新招呼龚女士坐下，她介绍了自己的情况。

龚女士跟前夫结婚六年，因为感情原因俩人于两年前离婚，并在离婚协议中约定，两套房产均归龚女士所有。其中一套本来就是龚女士名字，另一套还是龚女士和前夫的名字。一个月前，其中的一套房产被法院查封，原因是龚女士前夫给一家公司做担保，现在欠债的没钱执行到龚女士前夫头上。

蔡新问："您住哪套房子里呢？"

龚女士说："就是被查封的这一套。"

蔡新又问："为啥离婚时不过户呢？"

"这不是因为过户有费用嘛，我觉得有了离婚协议，这套房子就没问题了。"能看得出，龚女士很后悔。

卉卉说："还是过户的好，房产是以登记确认权属的。"

龚女士说："我是贪小便宜吃大亏呀，那还有补救办法吗？"

蔡新问龚女士："您前夫给人家担保是什么时候？"

龚女士说："他做担保是在我们离婚之后，两个月左右吧。"

蔡新说："离婚之后做的担保，那还好些。"

听蔡新说"还好"，龚女士像抓住了救命稻草。她赶紧问蔡新："那怎么办呢，我是需要起诉吗？"

卉卉说："可以提起执行异议。"

龚女士问："这个怎么提呢？"

卉卉说："向执行法院提就行。"

> **·如何提起执行异议·**
>
> 《最高人民法院关于人民法院办理执行异议和复议案件若干问题的规定》第一条规定，异议人提出执行异议或者复议申请人申请复议，应当向人民法院提交申请书。申请书应当载明具体的异议或者复议请求、事实、理由等内容，并附下列材料：1.异议人或者复议申请人的身份证明；2.相关证据材料；3.送达地址和联系方式。

"能管用吗？要是不管用怎么办呢？"龚女士连续问了两个问题。

卉卉回答："如果法院驳回了执行异议，案外人对裁定不服且与原判决、裁定无关，在收到裁定之日起十五日内可以向执行法院提起执行异议之诉。"

"您说的我听不懂啊！"龚女士一脸茫然。

蔡新笑着说："执行异议可以针对执行行为本身，也可以针对执行标的，也就是争议的房产，当然，我们提的肯定是针对标的了，属于一种程序上的执行救济，如果被驳回，我们就要提起执行异议之诉，目的是解决房产的权属争议，也就是在实体上阻止执行。"

·什么是执行异议之诉·

　　执行异议之诉是当事人和案外人对执行标的实体权利有异议，请求执行法院解决争议而引起的诉讼。《民事诉讼法》第二百三十四条规定，执行过程中，案外人对执行标的提出书面异议的，人民法院应当自收到书面异议之日起十五日内审查，理由成立的，裁定中止对该标的的执行；理由不成立的，裁定驳回。案外人、当事人对裁定不服，认为原判决、裁定错误的，依照审判监督程序办理；与原判决、裁定无关的，可以自裁定送达之日起十五日内向人民法院提起诉讼。

　　"您这么解释，我就听明白了。"龚女士点点头。

　　卉卉听蔡新解释完，明白了一个道理，如果客户不是学法律的，尽量说通俗易懂的语言，让她听明白也就达到了目的。

　　龚女士说："您刚才说，如果担保在离婚之后，对案子有好处，那都有什么好处呢？"

　　蔡新说："担保协议发生在离婚后，说明你对担保并不知情。另外，虽说房产是以登记来确认权属的，但您和前夫曾经是夫妻关系，基于关系的特殊性和信赖感，对房产过户的要求不能和一般的购房相比。最后，您在房子里一直居住，构成了实际占有，这也是对我们有利的一个事实。"

　　说到这里，蔡新喝了一口水。

　　龚女士耐心地听完后，对蔡新说："蔡律师，专业的人做专业的事，案子就委托您了。"

　　卉卉带着龚女士办完委托手续后，龚女士还不放心，回来对蔡新说："蔡律师，您一定要多费心呀。"

蔡新答应后，龚女士离开。

蔡新和卉卉回到座位上，卉卉对蔡新说："蔡律，现在的婚姻怎么都这么脆弱啊，说离就离了。"

蔡新笑着说："这话题有点儿大，我只能说，命运兜兜转转，总有缘聚缘散！"

五

小天问蔡新："蔡律，如果两口子一人死亡，死者还欠了不少债，活着的需要还债吗？"

蔡新说："这可要区分情况了。"

· 夫妻一方死亡，另一方是否承担债务 ·

1. 债务人所欠债务用于家庭日常生活或为了改善生活目的而投入生产及投资，生存方需要承担其所欠债务，否则不用。《最高人民法院关于审理涉及夫妻债务纠纷案件适用法律有关问题的解释》第二条规定，夫妻一方在婚姻关系存续期间以个人名义为家庭日常生活需要所负的债务，债权人以属于夫妻共同债务为由主张权利的，人民法院应予支持。

2. 债务人所欠债务未用于家庭日常生活，生存方在遗产继承范围内要承担其债务。《民法典》第一千一百六十一条第一款规定，继承人以所得遗产实际价值为限清偿被继承人依法应当缴纳的税款和债务。超过遗产实际价值部分，继承人自愿偿还的不在此限。

小天问："那儿子不用还吧？"

卉卉说："儿子肯定不用还，除非继承了遗产。"

小天问："不是说父债子还天经地义吗？"

蔡新说："那是江湖上的说法。"

"我明白了，那我再问下，离婚协议可以约定一方不还钱吗？"

蔡新又举了一个例子。

小天跟小敏结婚后，创业失败，一大堆债主找上门来。小天跟小敏说："咱们离婚吧，房产归你，孩子归你，全部债务归我，等我熬过这段时间，咱俩再复婚。"小敏哭了，对小天说："你真是个好男人啊！"于是，他们赶紧去协议离婚。

小天叹了口气说："例子中的我怎么总是这么惨呀！"

卉卉肯定地说："债权人可以向小敏提起诉讼的。"

·债权人可否向离婚双方主张权利·

《民法典婚姻家庭编司法解释（一）》第三十五条规定，当事人的离婚协议或者人民法院生效判决、裁定、调解书已经对夫妻财产分割问题作出处理的，债权人仍有权就夫妻共同债务向男女双方主张权利。

卉卉说："我也来举个例子。"

小天和小敏结婚后，长期虐待小敏，自己赚的钱偷偷转给别人，还喜欢赌博。小敏生病了需要住院，跟小天要钱，小天说："钱没有，你爱咋咋地吧。"

卉卉问："这时候，小敏怎么办呢？"

"离婚呀，这样的男人跟他在一起还图啥呢！"小天回答道。

"可是，离婚也解决不了眼前的问题啊，因为小敏急等用钱呢！"卉卉提出疑问。

蔡新说："那就直接分割财产。"

卉卉问蔡新："蔡律，对执行异议案件，如果夫妻离婚日期晚于借款的时间，能获得法院的支持吗？"

蔡新想了想，说："这要看财产分配是否合理，我还是举个例子。"

小天和小敏离婚了，原因是小天经常赌博，小敏还了不少赌债，小天依旧恶习不改。离婚时，小天和小敏把婚内财产做了分割，俩人一共两套住房，小点儿的归小天所有，稍微大点儿和稍微好点儿的归小敏所有，并且俩人约定，小小天的抚养费由小敏自己承担。

刚离完婚，小天就因为欠债被债权人申请执行了自己的房产，原来小天瞒着小敏向别人借了一大笔钱。但是，小敏的房产也登记在小天的名下，于是，债权人向法院申请执行，在执行过程中，小敏提起执行异议。

蔡新问："小敏的诉求你们怎么看？"

卉卉说："小天这笔借款并没有用于夫妻共同生活呀！"

小天说："这属于恶债。"

"蔡律的例子里，小天借钱未必是用来赌博的，怎么就恶债了？"卉卉反驳了小天。

"赌徒借钱，不是赌钱是什么？"小天辩解道。

蔡新说："别把例子中的小天一棍子打死，就事实来分析。从离婚分割财产的情况来看，这种分割算公平合理的，为了照顾小敏抚养孩子她适当多分了一些，并没有恶意转移财产。"

"看来，例子中的我还是蛮有情义的，估计赌博也是为了让小敏生活得更好一些。"小天说完，大家被他逗笑了。

卉卉说："瞎说，没听过十赌九输嘛！再说，合理致富手段有的是。"

小天说："好吧，听听蔡律怎么分析。"

蔡新说："我认为，小敏的房产不应该被执行。"

卉卉说："我赞成蔡律的观点，既然小天和小敏之间的离婚协议公平有效，那么就不存在损害债权人利益的说法，所以说，小天的个人债务不能执行到小敏的财产。"

蔡新说："如果夫妻之间对于自身财产的约定得不到法律保护，就会使得婚姻中无辜的一方产生不安全感，这样也有悖于法律的公平正义。"

六

陈女士来律所咨询房产的法律纠纷。

卉卉笑着对蔡新说："跟我同姓的本家，往上寻几代没准跟我还有亲戚呢。"

蔡新和卉卉一起接待的陈女士，听她介绍了自己的情况。

陈女士跟丈夫黄先生结婚十几年了，因为感情原因五年前俩人协议离婚。在协议中约定，俩人婚后在北京通州购买的一套房子归陈女士所有，但这套房子登记在黄先生名下，由于房子的贷款没还清，房产证也没下来。直到两年前，陈女士把贷款还清，让黄先生办理房屋过户，找了几次，黄先生一直推托，后来她才得知，这套房子被法院查封了。原来黄先生为了经营向一家金融公司借了一百五十万元，黄先生还不上贷款，被金融公司起诉。金融公司胜诉并查封了黄先生名下的房产。陈女士得知后，向法院提出执行异议，但是被法院给驳回了。

蔡新问陈女士："您这套房子价值多少？"

陈女士说："买的时候才三十多万元，现在能值两百多万元吧！"

"他借款是发生在你们离婚以后，对吧？"

"没错，借款我根本都不知道。"

"什么时候查封的，您知道吗？"

"这套房子长租给他的一个朋友了，被查封的时候他们也没跟我说呀！"

"那你们已经协议离婚了，贷款由您来还，但房子还由黄先生长租给朋友，这显然不合理。"

"确实是这样。我这人心软，我想他既然没跟我争房子，他租给朋友我也就默认了。当时我们说好了，等房产证办下来，他朋友就搬走。"

"原来是这样。"蔡新点了点头。

"蔡律师，您看我分析得对不对：这套房子是我们离婚后正常分割的，不存在我们恶意转移财产；按揭贷款没还清，解不了押，所以我没法办理过户；虽然房子在他名下，但是这套房子的权利应该属于我，并不属于他。"

"您分析得对，协议离婚中，双方的协议约定会有子女抚养、情感补偿的因素在其中，一方拿到较多的财产也是符合情理的。房子过户不到您名下，也是有客观因素的。"

陈女士点点头。

"还有，虽然房子没过户到您的名下，但您对这套房子是有物权期待权的。"

"您说得太对了。"陈女士表示赞同。

陈女士又提出几个问题，蔡新一一做了分析。

陈女士最后问："我能直接向法院请求确认所有权吗？"

蔡新说："当然可以，这在《民事诉讼法司法解释》中有明确的规定。"

"蔡律师，我这个官司一定要打，那就委托您了。"

陈女士走后，卉卉问蔡新："蔡律，您刚才说陈女士有物权期待权。我想，房子并没有在她名下，她享有的应该是债权请求权吧？"

"你说得对，她确实有债权请求权，但二者并不矛盾，债权的实现，不就是物权的所有嘛！"

"您这么解释，我听明白了。"

"还有，基于他们离婚时对共有财产的处分，陈女士享有的债权请求权和金融公司的债权请求权应该是平等的。但是，陈女士的债权请求权更有优势。"

"这怎么说呢？"卉卉很好奇。

"你想啊，金融公司所拥有的债权并不单一指向这套房子，而陈女士不一样，她的债权请求权就是指向这套房子，所以她的权利更有针对性。"

"师父，您说得对。"

"你很快就要结束实习了，到时候我就不是你的师父啦！"蔡新显得有些伤感。

"不，在我心里，您永远都是我的好师父。"

"师父加'好'字，怎么听着别扭呢？"蔡新表示了反对。

七

孟先生来所里咨询，是蔡新和卉卉一起接待的。

孟先生介绍了他的情况。

孟先生三年前跟妻子相识并结婚。本来，俩人感情还算不错，但去年妻子出国旅游了一次，回国就要跟他离婚，孟先生也不知道什么原因。因为孟先生反对，法院没有判离。但妻子开始和孟先生分居。分居九个月后，妻子在一次和朋友外出途中，发生了严重的车祸。妻子因脑出血被送到医院抢救，生命总算被抢救回来，但加上后续治疗一共花费了三十多万元。妻子的母亲还从亲戚手中借了十五万元。

孟先生问："她妈给我打电话，让我还这十五万块钱。蔡律师，这笔钱应该我出吗？"

蔡新反问他："这笔钱到底用在哪里呢？"

"她妈说是手术的费用。"

"您怎么回复的？"

"我说我没钱。"

"那你们结婚后有存款吗？"

"哪有存款，她喜欢买衣服、化妆品，我每次发了工资还得给她还信用卡，基本上属于月光族了。还好，我们不用租房，但房子是我父母买的。"孟先生露出一脸无奈。

"那她这些医疗费用有票据吗？"

"她妈说了，都有支出票据的。"

蔡新问："您妻子有医保吗？"

孟先生说："她有的。我开始也纳闷，怎么会有这么多开销，她妈说，她在重症监护室待了十几天，手术、输血、康复的费用都不低。"

"你们还没有离婚，如果她所开销的费用确实这么多，债务真实的话，您是有还款义务的。"

"唉！"孟先生深深叹了口气没有说话，但是，蔡新和卉卉都能感觉到他内心的不快。

"她发生了车祸，进了手术室，这些都没有跟我说，直到过了二十天了她家人才给我打电话，让我还债，你们说，我心里会怎么想呢？"

"我们理解您的心情。"卉卉安慰了孟先生。

"结婚后，我省吃俭用，工资都花在她身上，我现在哪有钱给她还账。再说，她出趟国回来就跟我离婚，我心里很明白，她八成是背叛我了。我没说啥，还想着跟她挽回关系，可她转身就走，跟我分居了大半年，不知道跟谁出去鬼混了，出了车祸还得让我来给她还债。"

蔡新起身，走到孟先生身边，拍了拍他的肩膀："您真的很善良。"

"我后悔死了，当初同意她离婚就好了。"

卉卉看了看孟先生的表情，心想，如果世上真的有后悔药，孟先生能把它吃饱。

"您可以调查下票据和借款的真实性。"

"她这次是花了不少钱，她有个闺蜜跟我说这事了。"孟先生平静了下来。

孟先生问："我现在如果起诉跟她离婚，法院会判离吗？"

蔡新看了看卉卉。卉卉对孟先生说："根据《民法典》第一千零七十九条第四款规定，经人民法院判决不准离婚后，双方又分居满一年，一方再次提起离婚诉讼的，应当准予离婚。您刚才说跟她分居九个月了，法院有可能不判离的。"

"我现在还不能起诉对吗？"

卉卉说："起诉离婚当然可以了，根据《民事诉讼法》第一百二十四条第七项规定，从你们上次离婚判决书下来开始，超过六个月起诉离婚，法院就可以受理的。我的意思是，她现在在医院抢救，处于危困状态，您现在跟她离婚，法官可能会认为您在逃避扶养义务。"

"除非她符合《民法典》第一千零七十九条第二款第一项，重婚或与他人同居。"蔡新作出补充。

孟先生说："她大概率跟别人同居了，因为我问过她闺蜜，她闺蜜说确实有个男人跟她来往密切，但其他的就不告诉我了。她在朋友圈还经常发在外面玩的照片，在高档餐厅拍的照片。"

"她朋友圈没屏蔽您吗？"卉卉很好奇。

"屏蔽了，是一个朋友告诉我的。"

"离婚的事情，还是得考虑好！"出于职业习惯，蔡新还是劝了一下孟先生。

"我考虑好了，满一年就满一年，也不差这两个多月。但她跟别人出去玩，出了车祸，我还得给她买单，这个坎我实在过不去。"孟先生的语气很坚定。

卉卉心想，孟先生真可怜，太理解他的心情了。

"那我要求离婚，她会不会又不同意离了呢？"孟先生又问道。

"你们属于第二次离婚诉讼，说明感情确实无法挽回。即使她不同意，法院支持她的可能性也不大。"蔡新回答得很确定。

"但是，如果您起诉离婚时她的情况没有明显好转，还需要花费高额的医疗费用，那您要对她作出些经济补偿了。"蔡新补充了一句。

"二位律师给我解释得很清楚，我听明白了，也想明白了。对了，蔡律师，您炒股吗？"孟先生突然问了一句没头没脑的话。

蔡新说："我也炒股！"

孟先生说："那您应该能明白一个炒股名词了'斩仓'。"

"我明白你的意思，与其痛苦地熬，不如坚定地跑。"作为一个老股民，蔡新可谓有感而发，不禁脱口而出。

孟先生说："看来咱们都被高位套牢过。"

蔡新点了点头。卉卉在旁边叹口气说："我也是股民。"

"此情应是长相守，你若无心我便休。"孟先生拍了拍自己的脑门。

蔡新看了卉卉一眼，看来孟先生打定主意离婚了。

孟先生又问了几个问题，最后说："那就拜托蔡律师和陈律师帮我起诉离婚吧。"

"那笔借款，您是怎么考虑的呢？"蔡新问道。

"您帮我一并处理了吧，协商一下，最好一次性了结。"孟先生露出一副恩断义绝的表情。

蔡新说："行，如果离婚协议和补偿协议一并达成，对您会更好。"

卉卉带着孟先生去办了委托手续，蔡新先回到了座位上。

小天凑了过来说："蔡律，您想不想听个惊喜呢？"

"当然想啊！"蔡新不假思索地答道。

"上次您代理的龚女士的案子的判决下来了。"

"咱们赢了没有？"律师对判决结果的期望，不亚于学生参加完考试对成绩的期望。

"赢了，法院判决是这么写的：原告不存在恶意逃避债务情形，争议房产虽未进行产权变更，但原告为案涉房产的实际所有权人，其权利足以排除强制执行。"小天一边看着电脑一边读道。

"太好了。"

"还没完呢，最后，判决对涉案房产解除查封。"

"不错！"

"那对方有可能上诉吧？"

"二审的话，他们赢的可能性就更小了。"蔡新显然很自信。

八

蔡新刚上班就接到一个电话，一位中年男士的嗓音从电话那端传来："是蔡律师吗？"

"您好，我是蔡新，请问您是哪位？"

"是朋友向我介绍您的，有个案子想委托您。"

"您简单介绍下案子吧。"

"一个公司欠我两百万元货款，我打官司赢了，但是公司账上没钱没法执行，我想委托您帮我继续打官司。"

"我主要做婚姻类的案子啊！"蔡新不是不想接，而是担心自己对公司法领域的案子不熟悉。

"欠我钱这个公司的股东是老板和他老婆呀！"

蔡新想了想，觉得哪有律师推案子的呀，就跟他说："要不您来所里面谈一下，来之前可以把欠您钱公司的信息发我，我先了解一下。"

"好啊！"

"您贵姓呢？"

"我姓陈，叫我老陈就行，您不忙的时候把位置发我，我去找您！"

下午三点，老陈准时来到所里。

洽谈室里，蔡新和卉卉接待了他。

老陈个头不高，黝黑的面庞，年龄看起来和蔡新相仿，但是满头白发。

老陈向蔡新介绍了情况。

老陈做布料批发生意，认识了一个服装公司的老板老邓。老邓的服装公司定期采购老陈的布料，老邓的公司每月给老陈结款一次。开始半年，合作得很愉快，老邓的公司都是按时打款，后来就开始拖欠，拖欠了半年之久，老陈实在受不了了，就提出让老邓结款，要不就不给发货了。但是，老邓说公司没钱。老陈把老邓的公司告上了法庭，他赢了官司，却发现，老邓公司账户只有一万元了。

老陈问："他们家有房产，但都在他老婆名下，这种情况下，我能不能起诉他老婆呢？"

蔡新说："您来之前，我查了这家公司属于有限责任公司，是以公司全部财产来承担债务。从法律上说，你没法起诉老邓老婆。"

"这个公司就是他们自己家的，股东也是他们夫妻俩。"

蔡新说："这个我知道，那老邓老婆在公司有没有职位呢？"

"这个我真不知道，但有两个月的布料款是老邓老婆用她私人卡打给我的。有时候，老邓老婆还通知我需要啥布料。"

"您说的这两个证据非常重要。"

"是吗？那您给我分析分析，蔡律师。"

蔡新说："我再问您，还有什么其他证据吗？"

老陈说："其他的，就是老邓口头跟我说过，现在公司账上没钱，等有钱了会给我的。"

"别的证据还有吗？"

"没有了，那您觉得这个官司可以打吗？"

"应该可以，从您刚才说的，老邓老婆给您打了布料结算款，说明公司财务和个人财务是混同的。"

"那她代表公司跟我要布料，是不是说明公司业务和个人的业务也是混同的呢？"

蔡新想了想说："也可以这么认为。"

"那就是说，我这个案子还是可以搏一搏的，对吧蔡律师？"

蔡新说："当然可以打。还有一个对您有利的条件就是，老邓公司的股东只有他们夫妻俩。从股权结构来看，具有利益的高度一致性。在这种情况下，我们就可以认为它属于实质的一人有限责任公司。"

"太好了，蔡律师，看来我没找错人啊！"老陈显出很兴奋的样子。

"我分析的，并不代表法院的判决结果，这个您要有心理准备。"蔡新看到老陈的兴奋表情，不禁笑了。

"这个我懂，毕竟我也做了这么多年的企业。"

卉卉笑着站起来说："那我带您办下委托手续吧！"

老陈走后，卉卉问蔡新："蔡律，我看您好像对这个案子蛮有信心的呀！"

"当然啊，还是有一点儿自信的。"蔡新露出一副小得意的样子。

"那是不是说，我们要把老邓的公司推定为一人有限公司呢？"

"对啊，就是这么理解的。"

"但一人有限责任公司，是以股东的数量来认定的，不能说老邓和他老婆同时成为公司的股东，这公司就变成了一人有限公司了吧？"

"你可别忘了，他们俩是夫妻，资金来源和利益都存在一致性。还有，老陈来之前，我就查了老邓公司的注册时间，距今为止不到三年。我还问了老陈关于老邓的婚姻情况，老陈告诉我，老邓和老婆结婚好多年，孩子也很大了。这就说明他们的注册资金应该全部来源于他们的夫妻共同财产。"

"对啊，是这么个道理。"

"《公司法》第六十三条规定：'一人有限责任公司的股东不能证明公司财产独立于股东自己的财产的，应当对公司债务承担连带责任。'"

"如果这样，那就需要老邓来举证不是一人有限公司了。"卉卉说。

蔡新说："除非老邓在公司注册时，就向工商登记部门提供了夫妻财产分割协议。"

"那要能提供协议呢，咱们是不是就被动了？"卉卉问。

蔡新说："你可别忘了，咱们还有一个撒手锏，老邓老婆用私人账户给老陈转账。"

"对啊，您说得没错，那现在我也跟您一样有信心了。"

蔡新哈哈大笑起来。

尾声

对卉卉来说，今天是非常开心的一天，也是非常值得纪念的一天，因为她刚刚去区行政中心拿回了律师执业资格证。也就是说，卉卉从现在开始，是一名真正的律师了。

"看，我的红本下来了！"卉卉回到所里，拿出律师证在蔡新和小天的面前晃了一下。

小天正在打印材料，说道："拿来我看看。"他一把抢过卉卉的律师证。

蔡新端着水杯，笑着对卉卉说："祝贺卉卉顺利拿到了律师证。"

"恭喜、恭喜，恭喜陈大律。"小天把律师证还给了卉卉。

"蔡律，这一年多，您带着我做案子学知识，授业解惑，真是太感谢您了。"

"咱们都是彼此成就，就不要客气啦！"蔡新显得有些不好意思。

"陈大律，您已经是红本律师了，是不是就要离开我们了呢？"小天言语中露出一丝不舍。

"我还是想跟着蔡律继续做婚姻家庭案子。"卉卉看了一眼蔡新，笑了。

"卉卉，你也知道，咱们的案源是不缺的，以你的能力和水平，单独接案子也没任何问题。要不，你做工薪律师，案件再拿提成，你放心，提成一定会超过同行水平的。"蔡新看着卉卉，眼中透出了真诚。

卉卉给自己倒了一杯水，站在蔡新身边，说："太好了，我喜欢这样。对我来说，很多案子还把握不准，有蔡律在，我就踏实了。"

"嗯，那就说定了。"蔡新拿水杯跟卉卉碰了一下。

"太好了，卉卉，不，陈大律，以后我们还是一个团队。"小天兴奋地拍了一下桌子。

"当然，虽然我爱挤对你，但离开你，我也舍不得啊。"

"你终于承认挤对我的事实了。"

"晚上，我想请您和小天一起吃饭，感谢这一年多给我的帮助。"卉卉对着蔡新说道。

"太好了，我能点菜吗？"小天小心翼翼地问。

"当然没问题了。"

"这样，这次我请客，等卉卉赚到钱了，咱们再宰她也不迟。"蔡新的语气显得不容置疑。

小天笑着对卉卉说："蔡律既然态度这么坚决，那咱们就先宰他一顿吧！"

"行，咱们让蔡律请吃点儿好的。"

二

范堂跟范河一起聊了两个小时。

范堂说："儿子啊，瞧瞧你，很幸福的一个家让你搞成这个样子，儿子不喜欢你，小丽也不喜欢你，你难道不知道反思吗？"

范河显得很懊悔，低着头说："唉，老爸你说得没错，我就是这样一个人，身在福中不知福。我想，幸福可能就在角落里，可我每天从那个角落经过，却从没注意到。"

"还是那句话，浪子回头金不换，你要改变你的行为，用心去感化小丽，让她真正地感觉到，你的心里有她。"

"我明白了老爸，我会慢慢改变我自己的。"

范堂没有说什么，拿出一支烟点燃，露出欣慰的表情。

尾声

晚上，范河回家后，破天荒地做了一桌子菜。

范河把菜做好后，范堂和张阿姨也来了。

范河做饭的时候，麻小丽在里屋一直没有出来。

"小丽，出来吃饭吧！"张阿姨站在客厅里喊了麻小丽。

麻小丽听到张阿姨的声音，赶紧从里屋走了出来。这时候，范团也回到了家。

"小丽啊，你看范河现在也知道了自己的错，能不能再给他一个机会呢？"范堂知道自己的儿子有多对不起麻小丽，自己的心里也有些愧疚。

范团到了妈妈身边，小声对她说："妈妈，我也想通了，要是爸爸真的回心转意，您就给他一次机会吧。"

麻小丽突然想哭，真的，再也忍不住了，于是，她痛快地哭了起来。范团知道，母亲承受了太多的委屈，受了太多的折磨。

范河看到这情景默声不语，他知道，这个女人跟着自己真的没有享受到什么快乐。

范堂看到了事情的转机，赶紧说："小丽，你想哭就哭吧，哭出来会好受些。"他挥挥手对范团说："爷爷带来了一瓶好酒，孙子你赶紧打开，咱们要好好喝点儿。"

范团爽快地答应了一声，把范堂带来的酒打开了，并给范堂、范河和自己都满上。

张阿姨带着麻小丽坐在桌子旁边，麻小丽还是没有说话。她心想，原谅一个人很容易，但婚姻的裂痕还能修复吗？她突然感觉有些迷茫了。她知道，自己作为一个女人，需要丈夫的关心与爱护，可这一切范河从没有给过自己。

三

"蔡律，我这会儿忙完了，咱们整理一下之前做过的案子吧。"

"啥情况，小天今天这么勤快。"卉卉一脸的疑惑。

小天撇撇嘴："我啥时候都很勤快。"

蔡新说："对，小天一直很勤快，也很认真。"

"还较真。"卉卉又做了补充。

"你都是正式律师了，还这么爱挤对我啊。"

"我不挤对你，还真怕你不习惯。"

"行，我说不过你。"小天拿出一沓判决书，拿出其中一份，翻了翻，对蔡新说："这是您之前做过的伍小姐的同居案子的判决，我们胜诉了。"

卉卉从椅子上站起来，说："对这个案子印象还是蛮深的，当时我还以为法院会判决伍小姐向对方退回财产呢，结果不是。"

"这个案子，咱们赢的结果并不意外，因为伍小姐和对方之间的赠与虽然不符合公序良俗，但是确实是两个人的自愿行为。"蔡新一边看着电脑一边说道，倒是显得很平静。

小天又抽出一份判决书，看完说："这个是婚约财产纠纷的案子，咱们代理的是被告。不过，原告看起来很有钱啊。"

卉卉说："我知道，这是罗小姐的案子，人家给了她名表、名包、钻戒和现金，分手后想要回去。后来法院判她全额返还对方母亲赠与的十八万元，另外把名表退回，其他没有支持对方。判决下来，我给罗小姐打电话，她都激动坏了。"

小天好奇地问："为啥激动，生气还是开心。"

"当然开心了，这对她已经是个很好的结果了。"

小天又拿出一份判决书："这是一个确认婚姻无效的案子。"

卉卉笑着说："蔡律和我做无效婚姻的案子不多，你一说我就知道是谁了，这是我的合租伙伴辉姐的案子，她向法院请求确认王伟的无效婚姻，并请求参与王伟的离婚财产分配。"

蔡新站了起来，叹了一口气说："这个案子，原告虽然达到了目的，但两个女人都是受害者。"

"可不嘛，王伟隐瞒了和辉姐结婚的事实，又跟别人结婚，说起来王伟也是法盲一个。"

小天说："这个案子的财产部分调解成功，也算结果不错。不过，我有疑惑，王伟犯了重婚罪不是应该坐牢吗？"

"重婚罪是不告不理，辉姐只是确认婚姻无效，并没有对王伟的重婚罪提起自诉啊。"卉卉解释得很有耐心。

"不错，我又学了一个知识点。"小天点点头。

卉卉望着蔡新："蔡律，我想提一个问题，您说王伟的第二个妻子，她本身是受害者，能不能要求和王伟按照夫妻财产进行分配呢？"

蔡新摇着头说："这个法律肯定不支持，因为王伟有合法婚姻在前。不过你提出了另外一个观点，这就是如何保护无辜一方的合法权益。"

小天思考了一下说："可以参照善意取得的法律规定，对吧？"

"小天的思路也不错。"

"谢谢蔡律夸奖啊！"小天显得很开心。

"小天继续。"卉卉喝了一口水。

小天又拿出一份判决书说："这是一个离婚案，你们代理的原告庞女士。"

蔡新说："这个案子挺有代表性的，现在很多年轻人都是父母出资买房的，婚前还好说，主要是婚后不好认定，这方面的纠纷也确实多。"

卉卉点点头说："咱们这个案子还好，庞女士争取到了房产。"

小天说："咱们还真是战果累累呀！"

"当然。"卉卉一脸骄傲。

蔡新没说话，但露出了开心的表情。

小天又拿出一份判决，认真地看了一会儿说："这是一份原告请求法院判决被告个人承担公司所欠债务的判决书。"

蔡新笑了笑："这是老陈的案子，我们也赢了，这也给做公司的人提个醒，公司财务往来和个人一定要分清，否则就要承担不利后果。"

卉卉转过头问蔡新："蔡律，我问您个严肃的问题，您做了这么多离婚案子，您觉得婚姻还能让人相信吗？"

蔡新想了想说："应该相信，美好的婚姻总是让人心存向往的。"

小天在旁边，幽幽地说了一句："看多了迷失的人，才容易找到路啊！"

蔡新和卉卉在一旁点头表示赞同，三个人同时发出会心的笑声。

附录：法律问题索引